문학과지성 시인선 401

슬픔치약
거울크림

김혜순 시집

문학과지성사

문학과지성사에서 펴낸 김혜순의 시집

또 다른 별에서(1981)
아버지가 세운 허수아비(1985, 개정판 1994)
우리들의 陰畫(1990, 개정판 1995)
나의 우파니샤드, 서울(1994)
불쌍한 사랑 기계(1997)
달력 공장 공장장님 보세요(2000)
한 잔의 붉은 거울(2004)
당신의 첫(2008)
피어라 돼지(2016)
어느 별의 지옥(2017, 시인선 R)
날개 환상통(2019)
지구가 죽으면 달은 누굴 돌지?(2022)

문학과지성 시인선 401
슬픔치약 거울크림

초판 1쇄 발행 2011년 11월 3일
초판 9쇄 발행 2024년 4월 1일

지 은 이 김혜순
펴 낸 이 이광호
펴 낸 곳 ㈜문학과지성사
등록번호 제1993-000098호
주   소 04034 서울 마포구 잔다리로7길 18(서교동 377-20)
전   화 02)338-7224
팩   스 02)323-4180(편집) 02)338-7221(영업)
전자우편 moonji@moonji.com
홈페이지 www.moonji.com

ⓒ 김혜순, 2011. Printed in Seoul, Korea

ISBN 978-89-320-2241-3 03810

이 책의 판권은 지은이와 ㈜문학과지성사에 있습니다.
양측의 서면 동의 없는 무단 전재 및 복제를 금합니다.

문학과지성 시인선 401
슬픔치약 거울크림

김혜순

2011

시인의 말

앞에 가는 말을
지우며 가는 뒤의
말을 지우며 가는
시를 지우며 가는

숨

2011년 가을
김혜순

슬픔치약 거울크림

차례

시인의 말

제1부

우가 울에게 9
안경은 말한다 12
지평선 스크래치 15
유령학교 17
구름의 노스탤지어 20
책 속에서 나왔다가 다시 돌아가지 못하는 여자처럼 23
어미곰이 불개미 떼 드시는 방법 26
상처의 신발 28
타이핑과 뜨개질 31
생일 33
내 안의 소금 원피스 35
나의 프리마켓 37
창문 열린 그 시집 40
유리우리 44
열쇠 47
토성의 수면제 49
배꼽을 잡고 반가사유 51
눈썹 54

달 구슬 목걸이 56
아침 인사 58
높과 깊 61

제2부

인플루엔자 65
토끼야? 오리야? 68
우산 72
탑승객 75
나는 불사도 불생도 모릅니다 79
나무들 파티 82
하나님의 십자수와 레이스에 대한 강박, 1 85
그녀의 레이스와 십자수에 대한 강박 88
피가 피다 90
전 세계의 쥐들이여 단결하라 93
별이 97
맨홀 인류 100

제3부

에베레스트 부인의 아침 식사 137
정작 정작에 140
아주 조그만 잠 속에 143
타조 145

그림자 청소부 148
달뜨다 151
바다가 왔다 갔다 154
출석부 157
검은 브래지어 160
아침 163
냉수 한 컵 167

발문|숨 쉬는 미로들 · 김경주 169

제1부

우가 울에게

11월에는 잠이 오지 않았고
11월에는 천장의 별이 모두 켜졌고
11월에는 가슴이 환해 눈을 감을 수 없었고
찬 우물이 머리보다 높아 위태로웠고
우와 울은 주먹 쥐고 푸른 바케쓰 속에 누워 있었네
충치 앓는 피아노처럼 둘이 앙다물고 있었네

우는 구름을 덮고, 울은 그림자를 덮었네
우는 바람에 시달리고, 울은 바다에 매달렸네
우는 살냄새다 하고, 울은 물냄새다 했네
우는 햇빛을 싫어하고, 울은 발이 찼네
우는 먹지 않고, 울은 마시지 않았네
밥을 먹는데도 내가 없고, 물을 마시는데도 내가 없었네
우는 산산이고, 울은 조각이고
우는 풍비이고, 울은 박산이고
내 살갗은 겨우 맞춰놓은 직소퍼즐처럼 금이 갔네
우는 옛날에 하고, 울은 간날에 울었네

우는 비누를 먹고, 울은 빨래가 되었네
　나는 젖은 빨래 목도리를 토성처럼 둘렀네
　우는 얼음의 혀를 가졌고, 울은 얼음의 눈알을 가졌네
　나는 얼음을 져 나르느라 어깨가 아팠네

왼쪽 어깨에 우를 오른쪽 어깨에 울을
물지게 가득 짊어진 여자가 나타났네
티베트 깡통 돌리는 할머니 염불처럼 천당 지옥
천당 지옥 계속 이진법이더니
우 다음에 울을 한 바케쓰 내 살갗 밑에 부었네 갔네

김수영은 김수영영영이고
김춘수는 김춘수수수이고
김종삼은 김종삼삼삼이고
왼발 다음엔 오른발
0 다음엔 1, 2 다음엔 3이고
우 다음엔 울이라고

세상에 가득 찬 수학이 출몰하는 밤
존경하는 시인님들은 아직 죽음의 탯줄에 매달려 계시고

콜리가 멜랑에게
12월이 11월에게

우는 빗줄기를 빗질하고, 울은 빗줄기를 써레질하고
우는 하얀색 운동화를 왼쪽에 신고
울은 하얀색 운동화를 오른쪽에 신고
나는 발잔등에 줄 끊어진 흰 새를 두 마리 덮고

그렇게 오도 가도 못했네

안경은 말한다

눈뜨고 그냥 있다. 난 안경이니까.
결코 무엇을 보는 법도 없다. 난 그저 안경이니까.
저 화덕 위의 키조개가 뭘 보는 것이 아닌 것처럼 그냥 있다.
더더구나 나는 눈을 감을 줄 모르니까.
나는 얼음을 먹는 시간과도 같다.
먹고 나면 뭘 먹었는지도 모른다.
모래가 파도를 갉아먹는 것과도 비슷하다.
또 파도가 몰려오니까.
나는 보고, 느끼고, 생각하지 않는다.
그냥 무색이다.
나의 왼쪽 눈알엔 바다가 있고
오른쪽 눈알엔 하늘이 있다. 그게 다다.
하늘과 바다 사이에 내가 있다. 그게 다다.
나는 바닷가에 묶여 이리저리 흔들리는 뗏목처럼 그냥 있다.
10년 후에 어디에 있을 거냐고 묻지 마라.
나는 그냥 있을 거다. 난 안경이니까.

아마 다리를 오므리고 누워 있을지도 모르겠다.
벗을 때나 입을 때나 나는 그냥 있다.
나한테 오는 사람은 왼쪽 하늘과 오른쪽 바다
두 개로 나뉘어서 온다.
그러니 안경에 대고 말하는 건 난센스다.
제 귀에 대고 말하는 거와 같으니까.
내 앞에서 우리의 기억 운운하는 건 난센스 중에
난센스다.
그렇다고 내가 하얗게 눈먼 것은 아니다.
눈뜨고 그냥 있는 거다. 멍하니란 말 참 좋다.
멍하니? 멍하다.
잠수부 아줌마가 있다.
25미터 산소줄을 잠수복에 매고
우주인 같은 철모를 쓰고 바닷속으로 들어가
키조개를 줍는다.
하루 8시간 심해 속을 걸어 다닌다.
3시간마다 바다에 매어놓은 배에 올라와 우유 마시고 빵 먹고 다시 모래를 뒤진다.

목줄에 묶인 검은 물개 같다. 피부는 미끈거린다.

키조개는 깊은 바다 밑 모래사막에 숨어 있다.

아무도 없는 곳. 키조개와 갈고리와 산소줄, 그리고 물안경이 있는 곳.

그리고 물안경 뒤에 아줌마가 있는 곳.

큰 얼음을 갈아 렌즈를 만든다.

그 렌즈를 입속에 넣어본다.

바다에 비 온다.

바다는 말한다.

나는 눈뜨고 그냥 있다.

난 안경이니까.

지평선 스크래치

앙상한 나뭇가지 아래에선 검정 우산을 써
하늘이 찢어진 것 같으니까

당신이 눈살을 찌푸릴 땐 검정 우산을 써
사방이 깨진 거울 같으니까

당신 머리칼 아래에선 검정 우산을 써
천갈래 만갈래 찢어진 모자를 쓴 것 같으니까

깨진 거울 아래에선 검정 우산을 써
산산이 부서진 나를 받쳐줘야 하니까

당신 신경줄들이 파랗게 전부 일어설 땐 검정 우산을 써
파랗게 젖은 초침들이 쏟아져 내리니까

이렇게 플랑크톤이 안개처럼 내리는 날엔 검정 우산을 써

먹어도 먹어도 배가 고프니까

멀리서 불 켠 기차가 지나가면
당신 침방울이 내 얼굴에 튀면
먼 곳에서 동생이 자꾸 토하면

찬란한 햇빛 속에 느닷없이 검정 피아노 하나 장만하고 싶으면
침대의 스프링이 다 펴져서 나를 찌르는 꿈속에서
누가 검정 구름을 갈기갈기 찢고 있으면

내 몸이 마구 떨리기 시작하면
흰 종이는 흰 우산을 써
내 더러운 글씨들 곧 떨어질 것 같으니까

유령학교

나는 유령학교에 근무한다
이 동네에선 유령된 지 10년 지나면 자동으로 제도권 유령이 된다
나는 신참 유령들에게 수업을 한다
(이 일 때문에 도무지 잠적이란 불가능하다)
우선 머리에 책을 올리고 발을 땅에 대지 않고 걷는 연습
말해봤자 아무도 듣지 않고 설 자리 누울 자리 없고
눈밭에 제 발자국이 남지 않아도 놀라지 않도록
공중에 떠서 잠드는 법을 연습시킨다
관 속에서의 우울증 극복법이라든지
지하 시체보관실에서 더운 공기 내뿜지 않는 법
사막에게 잡혀가도 미라가 되지 않는 법이라든지 하는 것은
나도 모르지만 그냥 목청 터지는 대로 한다
시간공장 제조 망원경이나 현미경 착용법 유체이탈법
잊혀진 영혼이 되거나 메아리가 돌아오지 않아도

서러워하지 않는 법
  불을 확 질러버렸으면 하고 생각만 하는 법
  폭죽이 밤하늘에 떠 있는 그 순간만큼 환하게 당신에게 창궐하는 법
  은 교과서를 참고하세요 그렇지만 교과서는 짓지 않는다
  노래 속에 숨어들어가 흐느끼는 법
  흐느낌 속에 숨어들어가 숨을 참는 법
  흐르는 사람들과 함께 흐르다가 나무처럼 하늘로 흑흑 박차 오르는 법
  금관에서 소리가 퍼져 나가는 모습의 항법에 이어서
  내 몸의 테두리를 지우고 형용사 되는 법
  그리하여 나날이 엷어지는 법
  은 전해 내려오는 마술 속에 다 있어요
  그러면서 덧붙여 말한다
  앙갚음하는 유령은 하급
  눈비 내리는 밤에만 출몰하는 유령은 중급
  썩어서 파리를 피워 올리는 유령은 상급

구름처럼 물음처럼 기체처럼 유령은 상상급
그리고 아무도 모르는 상상상급, 등등 기타
자 그럼 파리 떼가 죽은 몸뚱어리에서 왼쪽 날개 먼저 꺼내듯
춘설처럼 창궐하는 유령연습 한번 해볼까요?
그러면서 숙제 안 해오는 유령들에게 일침을 가한다
유령학교 졸업하고 제도권 유령밖에 될 게 없다니, 쳇!

구름의 노스탤지어

흰 벽이 웃더니 토끼 귀 한 쪽이 들어왔다
나는 그 냄새나는 것을 당겼다
토끼구름 뭉게뭉게 피어났다

천장에서 엉덩이구름이 내려왔다
저 엉덩이는 우리 동네 체육관 레슬러의 것인데요

목을 맬 밧줄이 내려왔다 목을 걸면 금방 흩어졌다
벽이 공중에 떠올라 짖어댔다
천사들이 고문받고 울던 방이 활짝 열렸다
내 비명이 똥처럼 쏟아져 우산으로 받았다

젖꼭지 천 개가 내 몸에서 돋아났다
젖꼭지마다 흰 젖이 마려웠다
젖이 가득 출렁이는 몸은 항아리처럼 볼록했다
항아리에서 흰 토끼 냄새가 났다

저 플라스틱들, 저 종이들, 저 옷감들

방에 놓인 물건들과의 정든 추억을 노래로 불러주었다

　노래를 부를 때 전신의 땀샘들이 일제히 침을 흘려 검은 털들을 적셔주었다

　가면을 운동화끈처럼 조이고
　레슬러처럼 밖으로 어기적어기적 나갔다

　이제 비밀을 말할 시간, 내 애인은 저 구름
　하루 수백 번 표정이 바뀔 때마다 얼굴에서 물이 떨어지는 저 구름

　가버린 사람의 아침잠이라고 불러줄까
　(하마터면 잊지 않아 더러운 광경이라고 말할 뻔했다)
　토끼장 사라져서 쩔쩔매는 토끼라 말해버릴까
　내 우울의 노스탤지어라고 말해버릴까
　아니면 일 초에 한 장씩 떨어져 땅속에 파묻히고

마는
　당신 표정이라고 말해버릴까

　초록 딸기 봉우리구름
　하나님 목을 휘감는 흰 머리카락구름
　내 목의 동맥을 구름에 거는 갈고리구름
　내 집의 뚜껑을 열고 들여다보는 렌즈구름

　저기, 저기 노을 속에 붉디붉은 팬티를 머리에 인 도장 소년들이 뛰어가고

　나는 저 붉은 구름에서 실을 뽑아 속옷을 지어 입고 뚱뚱해지고 뚱뚱해진 몸을 뒤틀었다

책 속에서 나왔다가 다시 돌아가지 못하는 여자처럼

해파리처럼 젖은 머리를 내리고
해파리처럼 짜디짠 방에서
해파리처럼 입만 살아서
해파리처럼 마시기만 하고
해파리처럼 하루 종일 빨래를 하다가
해파리처럼 전신에 힘을 풀고 늘어져
해파리처럼 머리만 키우다가
해파리처럼 엄마 아빠 어딨니 물어봐야 소용없고
해파리처럼 바닷속 깊이 녹아내리는 어항처럼
    도망쳤니?
    어디 보자
    옷도 없고
    실종자 명단에도 없고 주소도 없고
    이거 좀 들고 있어요 하고는 푹 쓰러지고
    보따리 속에는 짖어대는 물 한 뭉텅이

물속에서 찬물 한 덩이를 웅크려 만든 몸처럼
그리도 투명하더니

자체 발광하더니
유리폭탄처럼 솟구치더니

책만 펼치면
눈앞에 아물거리는
쉼표 하나
그렇게 행간을 돌아다니는 귀신이 되어선
찾아줘요 찾아줘요
해변에 떠밀려 온
냄새나는 해파리 한 마리
큰 소리로 읽어주면 주인공의 두개골이 돋아나올까

길에서 집에서 머리채 잡혀
실종된 여자들은 다 어디로 갔을까
해파리처럼 젖은 머리를 내리고 물속 땅속 어디에 묻혀 있을까

학생이 수업 끝나고 희미가 한자어냐고 물었다

희미는 한자어지만 희밋은 한글일걸 대답했다

책 속에서 나왔다가 다시 돌아가지 못하는 여자
들고 다니는 보따리 속에는 더러운 침 한 바가지

어미곰이 불개미 떼 드시는 방법

주체할 수 없이 몸이 커진다는 거
상처가 생길 때마다 작은 천 조각 하나 오려 덮고
또 오려 덮고 다시 덮고 그러다 보니
이제 내가 조각이불을 덮어쓰고 말았다는 거
우리 엄마는 조각이불은 절대 덮지 말라고 하고
퀼트 같은 건 절대 배우지 말라고 했는데
기우고 기우다 보면 가난에서 헤어나지 못한다고
그랬는데
내가 지금 쓰레기뭉치 조각이불처럼 걸어간다는 거
한때는 당신이 먹거나 물어뜯거나 조종하거나
부리던 거였다는데 그러나 이제 조용한
쓰레기뭉치 같은 것이 되어버렸다는 거
끌차와 한몸이 된 노숙자처럼 냄새가 난다는 거
앞발로 툭 치면 사슴 같은 거 노루 같은 거
다 죽어버릴 만큼 덩치만 크다는 거
이 햇볕 작열하는 대로상엔 나밖에 없다는 거
나를 만나면 도망가는 것들밖에 없다는 거
걸어가면서 잠자는 거대한 회색곰처럼

눈꺼풀 위에 너덜거리는 거대한 검은 레이스 구름처럼
　기름 질질 싸고 가는 사막 한가운데 덤프트럭처럼
　계단은 썩고 다락은 먼지가 한 길이나 쌓인 집채처럼
　덩그러니 나 말고 아무도 없다는 거
　거리에서 쫓겨나고 쫓겨나면서
　점점 커진다는 거
　내가 세상의 비명으로 꽉 차 있다는 거
　그것밖엔 아무것도 없다는 거

상처의 신발

상처에 발을 집어넣는다
상처를 신고 다닌다
아니면 상처가 냄새나는 발을 품고 다니는 건가
상처는 나를 위한 피고름 틀이다

상처로 지은 신발은 꽃투성이
내가 발을 집어넣으면 진분홍 피톨들이 짓이겨진다
상처로 지은 신발은 배를 가른 닭의 목구멍
내가 발을 집어넣으면 작은 갈비뼈들이 우두둑 부러진다
상처로 지은 신발은 열린 무덤
내가 발을 집어넣으면 엄마 아빠 무덤 두 개가
내 왼발오른발에 신겨진다

상처의 신발은 가끔 발작하지만 대개는 참는다
물집이 터지고 썩은 냄새가 진동한다
진분홍 입술을 앙다물고 내 더러운 두 발을 이빨에 문다

신발이 아픈지 안 아픈지 내 두 발은 모른다

상처의 신발은 방향 감각이 없다
늘 거기가 여기고 여기가 거기다
상처의 신발은 내가 발을 내딛는 곳마다 여기라고 주장한다
상처의 신발이 디딘 곳, 그곳이 내 잠깐의 영토다
신발이 커지면 발도 커진다
나는 뜨거운 쌀자루만큼 커진 신발을 신고
배 갈라진 채 달아나는 흰 돼지처럼 뛰어오른다

상처로 지은 신발 속은 밥알투성이다
내가 잘 지은 밥솥에 발을 집어넣는다
밥알들이 작은 생선 알들처럼 내 발밑에서 짓뭉개진다
상처로 지은 신발은 엄마의 늘어진 가슴 두 쪽이다
신발이 바닥에 닿으면 우유 같은 눈물 번진 흔적!
파리 떼 가득 붙은 뜨끈한 누군가의 목구멍 속으로

고린내 나는 발가락을 집어넣는 이 감촉!

나는 지금 바깥쪽으로 약간 기울어진
상처투성이를 신고 땡볕 속을 걸어가고 있다

타이핑과 뜨개질

당신이 타이핑을 하는 동안
나는 비를 멈출 수가 없었어
톡 톡 톡 톡 하루 종일 내렸어
당신이 매일 잠언을 지어내는 동안
내리는 빗줄기 감아 뜨개질을 했어
타자기 따위 사주는 게 아니었어
당신은 그냥 그 구석에 처박혀서
노름이나 하고 말이나 타야 했어
내 얽힌 두 손은 마치 새 둥우리 같았어
불쌍한 아가들아 새 아가 다음에
또 새 아가 짜줄게 금세 짜줄게
노래를 부르며 대바늘에 빗줄기 감아올릴 때
타이핑 소리 멈추지 않아 뜨개질도 멈추지 않았어
빗물 머금은 처마처럼 앞섶이 흥건했어
등 돌리고 앉아 톡 톡 톡 톡 떨어지는 당신의 망치질
관 뚜껑 덮을 일은 그리도 많은지
나라의 목숨은 날마다 경각인지
나는 방문턱을 넘어 멀리멀리 가버렸어 심지어 범

람했어
　물결에 쓸려 가면서도 뜨개질을 했어
　나는 당신 얼굴을 몰라 당신 등밖에 몰라
　집이 무한정 늘어났어 천장과 방바닥이 만나
　수평선처럼 멀어졌어 멀리서 불어온
　검은 하늘이 고개를 숙이고 들어왔지만
　내 갈비뼈 속에 깊게 숨을 들이마시고 불을 끈
　인명 구출용 헬리콥터가 착륙했다 다시 이륙했지만
　모두 모두 흘러가버렸어
　물속에 잠긴 대바늘 두 개처럼
　내가 짜는 옷감 속에 우리는 보이지도 않았지만
　톡 톡 톡 못 구멍들 방 안에 가득 찼어
　당신이 타이핑을 하는 동안
　나는 비를 멈출 수 없었어
　멀리멀리 흘러가 다시는 돌아오지 않았어

생일

아침에 눈뜨면
침대에 가시가 가득해요
음악을 들을 땐
스피커에서 가시가 쏟아져요
나 걸어갈 때
발밑에 쌓이던 가시들
아무래도 내가 시계가 되었나 봐요
내 몸에서 뾰족한 초침들이
솟아나나 봐요
그 초침들이
안타깝다
안타깝다
나를 찌르나 봐요
밤이 오면 자욱하게 비 내리는 초침 속을 헤치고
백 살 이백 살 걸어가보기도 해요

저 먼 곳에
너무 멀어 환한 그곳에

당신과 내가 살고 있다고
아주 행복하다고
당신 생일 날
그 초침들로 만든 케이크와 촛불로
안부 전해요

내 안의 소금 원피스

슬픔을 참으면 몸에서 소금이 난다
짜디짠 당신의 표정
일평생 바다의 격렬한 타격에 강타당한 외로운 섬
같은 짐승의 눈빛

짧은 속눈썹 울타리 사이
파랑주의보 높아 바닷물 들이치는 날도 있었지만
소금의 건축이 허물어지지는 않았다
따가운 흐느낌처럼 손끝에서 피던 소금꽃

소금, 내 고꾸라진 그림자를 가루 내어 가로등 아래 뿌렸다
  소금, 내 몸속에서 유전하는 바다의 건축

  소금, 우리는 부둥켜안고 서로의
몸속에서 바다를 채집하려 했다

오늘은 일어나자마자 염전이 문을 열었다

나는 아침부터 바다의 건축이 올라오는 소리 듣는다

나는 몸속에 입었다
소금 원피스 한 벌

나의 프리마켓

뭐 굳이 사겠다는 사람은 없지만
좌판은 벌인다
새의 혀처럼 생긴 말랑한
침묵을 위한 열쇠 몇 개
붙잡으면 뭉개지는 종소리 몇 개
눈뜨면 슬며시 녹아주는 풍경 몇 장
노래로 만든 관에 함께 묻을 수 있는
금 간 얼굴 몇 장, 덤으로 애매

광기의 전압을 높이는 예배당들이여!
부르르 떠는 은혜받은 밤의 붉은 상점들이여!

그리고 나여! 코 고는 흰 토끼 앞에서
좌판을 벌여놓고 물렁한 열쇠나 팔겠습니다

나는 지금 장의사처럼 차려입은 피아니스트를 예배하는 중입니다
그의 검은 구두에 박힌 징도 예배하는 중입니다

그의 팔에서 열렸다 떨어지는 별들이
내 좌판의 바퀴를 더듬을 때는 그의 대머리도 숭배해드립니다
그가 앙코르의 앙코르에 답하면서 녹턴을 방출할 때는
그의 발밑 그 밑에 꿇어 엎드려 쉼표마저 주워 먹습니다

그런데 그 옛날 철기 시대 우리 아버지는
새파란 처녀에게 물고기처럼 체외 수정을 하셨다죠? 그렇다면 우리는 어류를 믿고 어류의 아들을 믿는 건가요?
도마 위 물고기에 리본 달아드릴까요?

그 리본을 가슴에 박아줄 꽃핀 사실래요?
누르면 말간 알이 쏟아지는 물고기도 있습니다
팔뚝에 달 수 있는 별도 물론 있습니다

내 기침 밖으로 쏟아지는 압정들

도마 위에서 칼날을 척척 감싸는 손가락들

덮으면 저 건너 암흑이 슬쩍 보이는
눈동자를 위한 이불 대용 검은 나비 두 마리

홍수에서 건져낸 것처럼 부르튼 좌판에
질문으로 화상 입은 입술 모형도 있어요

코르크 마개를 빼면 듣기 싫은 의심이
쏟아지는 검은 와인 한 병

아예 껍질은 다 도둑맞고 뼈 조롱에
내장만 남은 짐승

목쉰비명바구니
맨발 속에 신는 물고기가시신발

사실래요?

창문 열린 그 시집

세인트루이스의 워싱턴 대학 앞에는 체셔인이라는
백 년 이상 묵은 호텔이 있는데
그곳엔 동화 속에서처럼 체셔가 산다
업 인 디 에어라는 영화를 보다가 내가 투숙했던 방에
조지 클루니가 들어서서
깜깜한 극장 안에서 체셔처럼 튀어올랐다

여기서부터 머나먼 곳
업 인 디 에어

연필은 그림자로 시를 쓰고
양초는 빛으로 시를 쓰죠

나는 신성하게도 방사능이 타고 있는 벽난로 속에
숯처럼 까만 영혼을 던지고 쉬기로 했다
먼 나라에 왔으니 기억을 씻어야지 생각했다
조금 쉬다가 슬픔치약을 발라 이를 닦았다

벙어리유령이 돋아나와 돌아다니는 호텔
　투숙객의 그림자들이 첩첩 쌓인 침대 p.45에 누워 있자니
　영원히 계속되는 동화에서 흘러나온
　고양이가 살며시 지나가고
　비품들이 하나하나 지워졌다
　무쇠난로엔 지우개 가루들이 쌓여갔다
　하나님이 굴뚝 위로 조용히 타오르고 있었다

　빗이 거울을 부르고 거울이 빛을 부르고 빛이 나를 부르고
　나는 방에 갇혀 있는 거울에 갇혀 있는 나의 슬픈 눈동자에 갇혀 있는
　나에게 거울크림을 바르고 천천히 지워져갔다

　벽난로의 시린 불꽃 속에서
　거울에 희미하게 떠오른 얼굴을 향해 저 유리에 그

려진 얼굴로는
　뭘 할 수 있죠? 지나가는 고양이에게 물었다

　촘촘히 빈틈으로 그물이 짜인 방
　그리하여 입구도 출구도 없는 방
　거울 속에서 유령이 시간 맞춰 나타나는 방
　(나는 시방 상실의 방에 투숙 중
　그러니 복무해라 기억해라 나와라
　그런 말 좀 하지 마라
　내게서 상실 좀 뺏어 가지 마라
　나는 편지를 부쳤다)

　복도에는 목숨 붙은 그림들이
　액자 속 나무뿌리들을 살랑거리고
　발밑의 마룻장들이 전기 롤러가 깔린 것처럼 스르르 미끄러졌다
　어둠이 환한 등처럼 매달려 복도를 지우고 방을 지우지만

한 발자국만 내디디면 다시 떠나온 곳을 향해 이륙
하고야 마는 호텔

　　(나는 길을 걸어가다 말고 차를 타고 가다 말고
　　그곳에 투숙했다 혹은 잠을 자다가도 숙박계를 적었다
　　그리고 하우스키퍼에게 물었다
　　오늘 밤 저 외로운 달은 뭘 하죠?
　　그는 대답했다 지워진 얼굴에 크림 발라주죠)

유리우리

깨진 유리조각으로 가득 찬 우물 속에서 자맥질하고 있어.

아, 갈기갈기 울고 싶은 이 마음은 이 우물이 나에게 준 것.

카페가 울어. 잔도 울고, 병도 울고, 화초도 울고, 웨이터의 앞치마도 울어.

깨진 유리를 우산으로 받고 선 소녀가 아까부터 창문에 붙어 서서 안을 들여다보고 있어.

먼 옛날 내가 갖고 싶던 것들은 다 진열장 속에 있었어.

그래서 그런지 유리 안에 든 것들은 일단 다 무서웠어.

이 술이 무섭니? 왜 무섭니? 저 빵이 무섭니? 왜 무섭니? 유리창 속에 담긴

사람들이 무섭니? 왜 무섭니? 애인들은 물었어.

소나기가 쏟아지고 있어. 한 시간에 10톤씩 유리알들이 아스팔트 위로 쏟아지고 있어.

저 투명한 알 속에 우리 이전과 우리 이후가 다 들

어 있어.

  투명한 알 하나를 손바닥에 올리고 들여다봐.

  이 알을 건너 저 알로 갈 수가 없는 거야, 우리는.

  이 물방울들이 갔다가 온 데를 모르는 거야, 우리는.

  창밖에는 유리알을 가득 실은 트럭들이 진주하고 있어.

  다음 생에선 만나지 말자. 내 유리헬멧 가득 붉은 꽃이 시드는구나.

  한 송이는 남아 내 목구멍에 꽂혀서 만개 중이구나.

  접속이란 접속 불가능이란 말과 동의어일 거야, 아마.

  스치기만 해도 베이는 걸 거야, 아마.

  유리가 깨진 다음 마음이 쏟아지면 끝인 거야, 우리는.

  깨진 유리 가득 찬 우물 속으로 깊이 가라앉고 있어.

  웨이터가 포도주 한 병을 탁자 위에 올려놓고 갔어.

  제목 : 정물 10호. 포도주를 앞에 둔 사람들.

부제 : 죄수와 면회객.

깨진 유리 백 장의 수압.
내 머리가 옆으로 휙 꺾였어.

열쇠

역광 속에 멀어지는 당신 뒷모습 열쇠 구멍이네
그 구멍 속이 세상 밖이네

어두운 산 능선은 열쇠의 굴곡처럼 구불거리고
나는 그 능선을 들어 당신을 열고 싶네

저 먼 곳, 안타깝고 환한 광야가
열쇠 구멍 뒤에 매달려 있어서
나는 그 광야에 한 아름 백합을 꽂았는데

찰각

우리 몸은 모두 빛의 복도를 여는 문이라고
죽은 사람들이 읽는 책에 씌어 있다는데

당신은 왜 나를 열어놓고 혼자 가는가

당신이 깜빡 사라지기 전 켜놓은 열쇠 구멍 하나

그믐에 구멍을 내어 밤보다 더한 어둠 켜놓은 깜깜한 나체 하나

　백합 향 가득한 광야가 그 구멍 속에서 멀어지네

토성의 수면제

나 눈감으면 내 그림자들 다녀오는 곳
그곳에서 나는 연기로 만든 허리띠를 두르네
내 영혼이 저녁 모기 떼처럼 앵앵거리면
그림자들 초원의 사자 떼처럼 우글거리고
오늘 나를 태우고 남은 재가 일어나 춤추는 곳

토성의 달은 60개
그리하여 내 그림자는 60개
물론 눈동자는 120개
해가 뜨는지 마는지
눈을 다 떠보지도 못하네

그리하여 내 몸이 몇 개인지
몇 개가 더 죽을 수 있는지
땅은 물렁물렁하고 발걸음은 건들건들하고
공기는 끈적끈적하고 가슴은 우글우글하고
당신의 유령이 거미줄처럼 내 영혼을 채가는 곳

내가 나에게 명복을 빕니다
나는 죽은 몸들을 타고 앉아
남은 몸 몇 개를 재워보네
그리움도 자고 의심도 자고
아직 열지 못한 목구멍도 자고 다 잠들라

너는 죽어서 무엇이 되고 싶니?
나는 죽어서 테두리 없는 것이 될 거야!

계속해서 계속해서 달이 떠오르는 곳
두꺼운 이불로 내리눌러도
이빨이 삐죽삐죽 새어나오는 곳
가느다란 지평선에 거무튀튀한 사자들 걸터앉아
삐져나오는 야광 눈빛 자꾸만 자꾸만 감기는 곳
그곳의 그림자들과 다 이별하면
이곳의 내 몸무게와도 다 이별하겠네

배꼽을 잡고 반가사유

안에서 밖으로 부는 풍선입니다
그 이상은 없습니다

숨 쉬는 소리는 왜 그리 창피한지
배꼽 속에 나를 안치한 척
옷자락 끌어내리면서 동시에 눈도 내리깔아요

당신의 입술이 닿은 자리라고 하면 좋겠지만
도망은 절대 금지라는 검은 지장 같기도 하고
풍선 꼭지 잘근잘근 씹어놓은 이빨 자국 같기도 합니다

여보세요, 계세요! 엄마가 잠자는 아기집의 초인종을 눌렀습니다
화들짝 잠 깬 조그만 풍선이 앙 터지면서 엄마 뺨을 갈깁니다

저마다 독립 만세의 그날을 꿈꾸지만

밤이면 숟가락을 지참하고 모여드는 곳
내가 숟가락을 들고 식구들에게 근엄하게 물었죠
우리는 배꼽에서 벗어나려고 안달 난 배달민족일까
우리는 배꼽으로 들어가려고 안달 난 배달민족일까

사과도 고양이도 냄비 뚜껑도 양배추도
죽음이 꼬물꼬물 시작한 이곳부터 썩어요

나는 씨 같은 거 없어요
씨앗은 틔워서 내가 다 먹어버렸어요

  신기하게 생긴 냄비뚜껑의 배꼽을 들어 올렸더니
  거대한 알루미늄 절 한 채가 딸려 올라옵니다
  잠의 경전을 헤매던 노승들이 알머리 바람으로 허둥지둥 흩어집니다
  절 뚜껑을 열고 내려다보는 내 얼굴을 보더니 혼비! 혼비!
  끓는 냄비 속의 까만 수제비

올챙이들 같습니다

나는 안에서 밖으로 불어대는 풍선입니다
그 이상은 없습니다
버스 타고 지하철 타고 비행기 타고
다하도록 다하도록 이 구멍을 불어대고 있습니다
나는 애하고 재미있게 혼자 삽니다

눈썹

얕은 물속에서 오래 묵은 몸이 부화하나 보다
물 밖으로 쉴 새 없이 뽀얀 숨이 올라온다

잠시 후 몸을 암흑으로 잠근 눈꺼풀 한 쌍이 날아오른다

노란색으로 벌어진 여닫이 하나가 날아간다
물수제비로 떠낸 파문 한 닢

팔락팔락 숨을 쉰다

잠은 깊어서 노랑나비 한 마리는 멀다

콩떡 먹고 입 벌리면 뿜어져 나오는 노란 가루
발정 난 소나무들이 앞 산자락으로 송화를 내뿜는다

부신 햇살에 날아가는 내 어금니처럼 노란 것
바람의 터럭 같은 것이 두근두근 날아간다

나는 내 영혼에서 냄새가 난다 라고 쓴다
나는 두근거리는 노랑을 뱉고 싶다 라고 쓴다

노랑나비 다리에 수평선이 묶여 있다
호숫가에서 수천 개의 회초리가 일어난다

잠깸과 잠듦의 소용돌이가
깜빡깜빡
낮과 밤 사이에 그어진 빗금 하나를 입에 물고
깜빡깜빡

끌려가는 수평선이 내 종아리를 칭칭 감고 있다
나를 잠근 것이 겨우 저 터럭 두 개였다니

눈썹 한 쌍이 몸은 어디다 두고
호수 위로 저 혼자 잘도 날아간다

달 구슬 목걸이

발목에 동그란 줄을 그려서
그것을 무릎까지 올려보다가
목에도 감아본다
거울을 보고 당겨도 본다

좁은 유리병 안에서 식물이 자라는 듯
뿌리가 다시 뿌리를 뻗는 듯
발아래서 싹이 트는 듯
몸에서 박하 향이 올라온다

벽에 걸린 새장 속에 얼굴이 갇힌 사람처럼

높이 날아올라 동굴 속에 갇힌 제 두 발을 찾고 있는 새처럼

나는 갑자기 핏대를 세우고 하늘을 나는 북이 된 기분이다

폭풍우 치는 하늘에 얼굴을 내밀고 몸을 떠는 나무

처럼

  가슴 아래 숲의 나무들 검게 웅크려 있고
  그것들 내려다보는 제일 키 큰 나무처럼

  누가 북채를 들어 내 얼굴을 두들기나
  얼굴에 피가 몰린다, 꼭 닫힌 만년필처럼
  흙 묻은 발이 저린다, 노란 달처럼

  저 아래 검은 숲이 아 아 아 아우성치며 자꾸만 내려간다
  음악의 계단을 빠져나가지 못해 죽는 사람처럼
  혼자서 나 혼자서 내가 아는 사람 다 저 아래 저렇게 조그만데
  달보다 큰 얼굴을 어두운 숲 위에 올리고
  공중으로 치미는 샛노란 웅덩이처럼

  목에 그은 줄을 계속 잡아당겨본다

아침 인사

수녀님들이 일어나 흰 속옷 위에
검은 옷 입는 시간
오늘은 지하철역 앞에 묶어둔
자전거가 한꺼번에 넘어가는 소리를 들었다

아침에 서로 인사를 해야 하는 건 이 세상의 불문율
나를 밤새 핥아준 그림자님 안녕
나를 따라 일어난 살 속의 아빠님 안녕
내 기타를 태워준 아빠님 안녕
불타는 기타를 연주해준 아궁이님 안녕
그 옆에서 눈물 흘려준 동생들 안녕
앞으로 시간이 정지하게 될 거라고 말해준 목사님 안녕
이하 동문
그래도 조금 더 해보면
내 시를 접어 구정물에 종이배 띄워준 평론가님 안녕
나와 얘기하는 동안 귓구멍이 호스가 된 당신님 안녕
나와 당신의 모든 호스는 그의 것, 배관공 하나님

안녕
 혼자 새기는 문신의 바늘님 안녕
 하늘이 투명한 유리병을 던지네, 깨져라 병님들 안녕, 뿌려라 빛님들 안녕
 당신 머릿속 빛나는 오기처럼 던져라 똥! 던져라 공! 뿌려라 물!
 안녕안녕안녕

 모두 작별해버리고 싶은 아침

 나는 작별의 전사
 나는 죽을 아이를 생산한 몸
 나는 마이너스 생산 기계
 나랑 더해지면 누구나 마이너스누구누구가 되어버리지
 내 음악은 왜 빼기만 하고 더하기는 할 줄 모르는지
 내 음악에 실려 내가 초음속으로 사라져간다

이 동네는 그 누구도 타락을 선택할 자유가 없는 곳
모두 달려들어 치유해주겠다고 난리를 치는 곳
그러나 나는 당분간 타락천사와 살림 차리겠다

내가 내 이름을 지을 수 없는 곳, 안녕
내가 내 병명을 지을 수 없는 곳, 안녕
내일 아침은 내 침상에서 새 질병으로 태어날 거야
그 질병에 나를 꽂을 거야
그러니 모두 안녕
이제 마이너스 당신이 된 당신님도 안녕

지금은 거리에서 밤을 새운 귀신들이
내 불쌍한 그림자에 검은 망토 입히는 시간
나는 아직 첫차가 도착하지 않은 지하철역이 슬피
우는 소리를 들었다

높과 깊

  6인실 가득 '깊'이 잠들어 있는 아줌마들의 '높'은 숨소리

  검디검은 '높'에서 지금 막 도착한 신생아의 머리가 꿀떡 같다
  엄마의 천연색 얼굴을 첫 대면한 아기가 힘차게 운다

  빨간 매니큐어를 칠한 할머니가 '깊'으로 떠났다
  누가 천연색 세상의 문을 쾅 쾅 쾅 박아주었다
  곧 '높'의 나라 시민이 된 할머니에게서
  갈래머리 여학생이 되었다는 편지와 함께 흑백사진이 왔다

  나는 하루에 한 번 '깊'으로 떠나고 싶어 침대에 엎드려 잠 잠 잠 애원한다
  누가 파리채를 들고 겨우 내려앉으려는 내 '깊'을 팍팍 내리친다
  하얀 천장에 거꾸로 매달린 파리 떼처럼 나의 잠이

곰실거린다

  '높'에서 까마귀가 까마귀를 쳐다보면 분홍빛이 난다는데
  내 '깊'의 것들은 서로 무슨 색깔로 인사할까

  간질에 빠진 처녀의 뇌에 실려가는 사람처럼 탁탁 탁탁 복도를 울리며 옷걸이에 링거병을 걸고 가는 슬리퍼의 비명
  누군가 현악기의 활을 높이 들어 밤새도록 불 켠 병원을 탄주한다
  '높'과 '깊'이 복도를 휘돌아 울며 돌아다니는 소리

  애원하며 '깊, 깊, 깊' 내가 부르는 소리에 '깊'에서 깨어난
  첫차가 한강철교를 건너가고 흰옷들이 출근한다
  밤새도록 나는 나에게서 멀어지고 싶었지만
  광대하고 거룩하신 '높'과 '깊'은 나를 데리고 논다

제2부

인플루엔자

새라고 발음하면
내 몸에서 바람만 남고
물도 불도 흙도 다 사라지는 듯
그 이름 새는 새라는 이름의 질병인가
새는 종유석 같던 내 뼈에서 바람 소리가 나게 한다

날지 못하는 새들은 다 죽이라는 명령이 떨어졌다
죽일 새도 없으니 산 채로 자루에 넣어
구덩이에 파묻으라는 명령이 떨어졌다

나 시집 와서 며칠 후 도마 위에 병아리를 올리고
그 털 벗은 것에 칼을 들어 내리치려 할 때
갓 낳은 아기의 다리를 잡고 있던 기분
그 소름 돋은 것이 바들바들 떠는 것 같아
강보에 싸서 안아주고 싶었다

제 가슴을 베개 삼아 머릴 드리우고 잠들던 그것

정말 우리는 끝에 다 온 걸까?
악몽의 막이 찢기고 그 속에서 죽음이 탄생하고 있다

내 심장이 한 마리 바람처럼 박자 맞춰 뗜다

우리 마을엔 이제 날개 달린 것이 없다
다 땅속에 넣고 소독약을 뿌렸다
큰엄마는 기르던 거위를 포대기에 싸서
둘러업으려다 방독면에 들켰다

내가 지금 새의 시를 쓰는 것은
새를 앓는다는 것
쇄골 위에 새 한 마리 올려놓고
부리로 쪼이고 있다는 것
사람이 죽으면 바람에 드는 것이라는데
나는 시방 새의 바람 속으로 든다

우리나라 하늘 연(鳶)실이 다 엉켜

하늘 높이 쌓인 듯
흰 깃털 산이 바람에 힐끗거리고
그 속에 3개월짜리 6개월짜리 조그만 눈알들이
첩첩이 쌓여 있다
구덩이에 쏟아져 들어가기 몇 시간 전
눈 뜨고 떨고 있다

토끼야?
오리야?

열나게 토끼고 있어요
어딘가에서 어딘가로
당신한테서 당신한테로

달걀 건너 달걀로
오리 건너 오리로
토끼면 토낄수록 철조망이 다가오네요

미스터 토끼님께 아뢰오니
다 토낀 후에
그때 시간 남으면
토끼님이 제게 주문하신
그 사실과 대면할게요

그러나 시방은
토끼 리본을 달고
토끼 신발을 신고
열나게 토낄 시간

(빨간 눈 토끼야
나는 네 하얀 털을 쓰다듬으며
비행기를 타고 기차를 타고
뜀박질을 하고 있구나
이렇게 토끼고 있구나!
이렇게 보면 토끼고
이렇게 보면 오린데
토끼고만 있구나)

두 갈래 길 앞에 네 갈래 길
네 갈래 길 앞에 아홉 갈래 길

(달궈진 프라이팬 위의 토끼처럼
토끼고 있구나)

시방 누가 나를
초록털 접시 위의 흰털 크림처럼 짜놓았을까

나를 핥으려고 큰 혀가 다가오네요
분홍빛 콧구멍 속 검은 털이
시신을 감춘 더러운 숲처럼 냄새나네요
저 사람은 십 년에 한 번씩 우리나라에 나타나
나더러 사실 좀 달라 그러는데
도대체 그 사실은 어디 있나요?

그러니 나는 시방 토낄게요
분홍 엉덩이를
노을 진 구름처럼 치켜들고
검은 밤송이 같은 까만 똥을 갈기며
토낄게요
토끼는 토끼한테는 토끼는 수밖에 없는걸요

다 토낀 후에
토끼마저 사라지면
토끼님! 이 종이에다 사실 좀 남겨주시기 바래요

흰 종이 위를 토끼던 흰 토끼가
날 한번 돌아보고 가네요

우산

공중에 치마가 백 개 천 개 핍니다
치마 밑에는 억센 손잡이들

불 켠 버스처럼 거리가 흘러갑니다
손잡이를 움켜잡은 아저씨 아줌마 들

모두 길 위에서 버스에 탄 것처럼 젖은 손잡이를 잡고 있습니다
우르릉 쾅쾅 하는데 여전히 잡고 있습니다
어금니가 아픈 사람들처럼 꽉 잡고 있습니다

백조 발레리나를 높이 들어 올렸건만 비가 거세게 쏟아집니다
우산 한번 써보지 못한 우산처럼
흰 치마는 젖고 신발 속에 물이 가득합니다
정전된 냉동실의 난자처럼 왠지 구질구질합니다

구름 방앗간에서 국수들이 쏟아집니다

국숫가닥들을 울면서 헤치고 가는 저녁

무심히 쏟아져버린 난자들처럼
잃어버리지 않을 우산은 없겠지요

공중 높이 흰 치마를 입은 소녀를 들어 올려요!
우산 잃어버리고 귀가한 지붕들이 웁니다

길바닥에 접힌 우산 하나가 푸르르 떱니다
깃 다치고 흰 머리칼 젖은 백조는 너무 무겁습니다

치마 속을 드러내고 길바닥에 누운 그녀
젖꼭지가 솟고, 몸을 잠그고 있던 후크가 터지고
천지를 뒤덮는 곡소리, 검은 치마들이 그녀를 둘러싸고 내려다보고 있습니다

구름이 퉁퉁 불어터집니다
빗물에 엎어진 국수 그릇은 정말 구질구질합니다

횡단보도에 멈춰 선 버스가 손님들을 다 내리고
이빨 많은 호랑이처럼 으르렁거리고 있습니다
억센 손잡이들을 가득 매단 채

탑승객

동그란 커피 동그란 수프 동그란 국수
동그란 윤회 동그란 것만 보면 속이 울렁거려

엄마의 안경알 속에서 아기가 부화한다
아기가 겨드랑이를 긁적이더니 사타구니를 긁적인다

아기의 사타구니 속에서 엄마가 부화한다

거울 속에서 거울이 끝없이 거울이
햇살 속에서 햇살이 끝없이 햇살이

당신과 내가 부둥켜안은 알이 부화한다

약병에서 아스피린이 부화한다
천장에 붙은 물방울이 부화한다
구더기들이 부화한다
미끄덩거리는 올챙이가 부화한다
개구리가 펄쩍 뛰어오른다

다음 생엔 브라만으로 태어나세요 다음 생엔 남자로 태어나세요
나를 속이려는 동그란 말 나를 속이려는 우주의 동그란 궤적들

내 방을 유영하는 잠의 비행선에서 내가 부화한다
잠옷을 입은 채 끌려 나온 탑승자의 몸에서 비린내가 난다
아직 다 부화하지 못한 내 유령에서 아가미 냄새가 난다

잘 자라 우리 엄마 앞뜰과 뒷동산에 새들과 엄마 양과
엄마를 재워다오 한 번 엄마는 영원히 엄마 엄마를 재워다오

동그라미는 싫어 순환하는 건 싫어 낮 다음에 밤이 싫어

동그라미 같은 세상이라는 말은 누군가 나를 속이려는 말
알 낳고 그 알 품은 여자들 속이려는 말 계속 알 낳으라는 말

밤에 갇힌 낮 낮에 갇힌 생선 생선에 갇힌 알 속에 갇힌 불면증 내가 소리친다
잠의 비행선에 탑승하고 싶어 발버둥치는 사람이 소리친다

동그라미는 싫어 정말 싫어 이곳이 대합실이라고 말하는 자들이 싫어
동그란 국물 동그란 빗물 동그란 계란 정말 싫어
모두 사라지고 나면 다시 동그란 그릇 다시 동그란 식탁

그릇 속의 물이 싫어
쇠나팔 속에서 올라오는 동그란 소리들 싫어

동그란 몸속에서 튀어나오려는 물감을 틀어쥐고 가쁜 숨 몰아쉬는 사람이 소리친다

정말 싫어!

나는 불사도 불생도 모릅니다

나는 몸속에서 아무것도 푸드덕거리지 않는 사람
물에 퉁퉁 불은 것 같은 눈동자
품속에서 썩어 문드러지는 한 달에 계란 한 판

희끄무레한 저녁이면 가로등 아래 시커먼 나무들은 집 안에 들여놓지 않는다고 푸드덕거리는 암탉들처럼 제 그림자를 벽에다 던지고, 나는 이렇게 서서 묻는다. 그림자야 너는 정녕 오늘 나한테 쏟아진 빛의 무게를 아니? 그 빛은 다 어디로 갔니? 나를 태우고 달아나는 저 빛하고 한판 붙어온 나날들. 짐승에 올라탄 것처럼 저 빛에 올라탄 채 낄낄거리며 달려가고 있던 잠시, 담벼락에 커다란 손 올리고 숨 몰아쉬며 날 바라보던 너의 눈동자

내 몸을 태우고 남은 빛으로
윤곽을 그린 검은 구멍아
감촉도 죽고 냄새도 죽은 마침표야
너에겐 본드도 붙지 않는구나

한없이 서늘한 것!

너는 나를 태운 불길들 위에 뿌려진 물 한 동이
그리고 그곳에 남은 물무늬
문득 켜지는 검은 눈동자
네가 본 것은 무엇이냐
시멘트 바닥에 쓸려 다니느라 피 맺힌 검은 구멍아
버둥거리던 사지는 어디 갔나
세상에서 제일 가벼운 구멍아
평생 달려봤자 나는 너를 넘어가지는 못한다는 것
그리하여 나는 오늘 너에게 묻는다
내 그림자야 나만의 저승사자야
끝끝내 혼자 울고 가는 터널아
그림자 없는 세상으로
저 너머로 날아간 새벽닭의 울음소리가
어찌하여 여기서 들리느냐?

우리가 평생 추는 이 2인무의 제목은 무엇이냐!

포클레인 그림자 속으로 사라져버린 울창한 여름산아!
여름산 그림자 속에서 황소개구리들이 쏟아진다!

달아나봤자 늘 같은 발바닥!
달아나봤자 늘 같은 이름, 그림자야!

나무들 파티

파티걸이 빌딩 숲 속에서 명품 치마를 잃었다
파티걸이 팬티만 입은 채 출근길에 나타났다
빌딩 그림자들이 모두 한쪽으로 발기했다
파티걸의 명품 양가죽 가방이 양으로 돌아가서 울었다
메에헤 메에헤 겨울산을 헤매는 새끼양처럼
울음을 그치지 않는 가방을 들고
파티걸이 걸어갔다
파티걸이 길가에 버려진 꽃무늬 소파에 올라앉았다
지나가던 출근 차들이 경적을 울렸다
청소부가 파티걸을 데려갔다
부모님은 외국 가시고 유모는 외출하고
기사는 여행 떠나고 나는 주소가 없어요
나는 이 세상보다 넓은 성에 살아요
청소부가 파티걸에게 꽃무늬 소파를 짊어지고
너의 그 넓디넓은 성으로 돌아가라고 명령했다
청소부가 파티걸의 소파를 실어주었다
청소부가 파티걸을 숲 속에 버려주었다

파티걸이 무거운 소파를 숲 속에 내려놓자
　새들이 소파에 오줌을 싸고 갔다
　사슴들이 뿔을 휘두르고 갔다
　파티걸이 진흙 옷을 입고 머리칼을 땅에 심었다
　파티걸이 벙어리 무성한 숲 속에 잠들었다

　당신과 나는 신선한 파티걸 환상
　특별히 우리에겐 벚꽃 흩날리듯 치마를 잃어버리는 파티걸 환상
　향기 나는 크리넥스 같은 파티걸의 치맛자락
　비 맞으면 단번에 찢어지는 갓 출시된 전 지구적 명품 치마에 대한
　줄기찬 당신과 나의 환상
　최신형 모델 초신선 제품의 최초 착용 파티걸 환상
　우리에게 빵 정책과 파티걸 정책이 필요하죠
　시인을 만난 정책이 파티걸과 춤추며 말했다
　난 일 년 내내 파티걸 생각으로 버티죠
　봄이 오면 아련하게 원조 교제하러 피어났다가

비 오면 취해 쓰러져주는 파티걸 환상

세상엔 정말 파티걸이 필요한 거야

파티걸이 산속에 누워 있는데
아직도 누워서 낙엽 치마 두르고 중얼거리고 있는데

명품 치마는 어디 가고 철사줄만 입은 파티걸
앙상한 파티걸이 숲 속에 잠들어 있는데

하나님의 십자수와 레이스에 대한 강박, 1

하나님의 십자수와 레이스에 대한 강박은
해가 뜨고 달이 뜨는 오래된 패턴북을 넘겨보면 알 수 있죠

가만히 안개 내리는 강가에 서 있어도 저절로 알게 되죠

그 가늘고 투명한 실을 처음 손가락에 걸 때는
이토록 가벼워서 어쩌나 움찔하지만
긴 이야기 묘연한 레이스가 시작되는 거죠
레이스는 자라서 피 묻은 속옷이 될까요?
강물에 떠내려가는 면사포가 될까요?
땅속에서 착용하는 복장이 될까요?

아 정말 신기한 무늬야 했지만
낡은 패턴북을 넘겨보면
엄마의 결혼 첫날밤 커튼처럼
그 무늬 속에 다 들어 있는 이야기

구멍 숭숭 뚫린 투명한 무늬들 속에
1월 1일 12월 18일 12월 25일

하나님은 십자수와 레이스 강박증 환자
커튼처럼 창틀에 걸터앉아 안팎의 비밀을 다 엿듣고는 펄럭펄럭하기만 하죠

나의 신경망이 엉킨 낚싯줄처럼 뭉쳐져선
난파선같이 출렁이는 바닥에 팽개쳐지는 날

빗금 빗금 빗금
물결 물결 물결

긁 긁 긁
금 금 금

크랙 크랙 크랙

스크래치 스크래치

하나님의 십자수와 레이스에 대한 강박은
산 채로 돼지 2천 5백 마리 파묻은 우리 큰집 앞 산자락을
흰 눈으로 몽땅 덮어놓은 걸 보면 금방 알 수 있죠

웅크리고 누운 죽음의 애벌레 속에서
희디흰 실을 물고 나비들 뿜어 나오듯

낡은 패턴북을 뚫고 점점이 날아오는 속눈썹과
속눈썹의 입맞춤 같은 흰 눈송이들

벌판 가득 가벼운 무늬가 눈 감고 숨 숨 숨 내려오죠
소녀의 미소 같은 구멍들을 내뿜으면서

그녀의 레이스와 십자수에 대한 강박

소녀가 미소를 짜고 있다

소녀가 하품을 짜고 있다

레이스가 길어지고 있다
그 누구도 원치 않는 무가당 소녀가
그 누구든 쓸 수 있는 글을 쓱쓱 써나가는 것처럼
레이스를 짜고 있다
가슴이 미어지고 있다
고시원에서 먹고 자고 편의점 계산대에서 일하는 소녀
희끄무레한 소녀
소녀가 가습기의 수증기로 면사포를 짜고 있다
소녀가 면사포를 쓰고 있다
수천 억 개의 구멍이 뚫린 레이스가 소녀를 감싸고 있다
소녀가 레이스에 파묻히고 있다
이제 틀어져 날리는 솜이불처럼 하얘진 소녀가

축축한 레이스 무덤 속에서 새하얀 거품을 물고 있다
미소가 많은 소녀가 시 창작 수업 시간엔 내리깐 눈썹을 파르르 떠는 소녀가
흑백사진 속 어린 할머니처럼 희끄무레한 소녀가
그렇지만 이 겨울밤 흔하디흔한 소녀가
아무도 알아채지 못하는 소녀라는 걸 알아채지 못하는 바보 같은 소녀가
이 세상에서 제일 무색무미무취무명무한 소녀가

강물 위로 휘날리는 소녀의 면사포
소녀의 면사포 위로 하늘에서 수억 만 개의 작고 하얀
올해 겨울 첫 십자가들이 하얗게 내려오고 있다
결혼 운구 행렬처럼

피가 피다

재봉틀 바늘처럼 따라오는 빗줄기를 피해 달아나다가

모퉁이 돌아 몸속에서 붉은 벽돌을 꺼내 담 쌓아가다가

가로등이 따끔따끔 켜지며 쫓아오면 더 힘껏 달아나다가

마음 급한 매미들이 길을 썰어대는 소리 귀 기울여 듣다가

발목에 쥐날 때처럼 저 멀리 빌딩의 창문들이 환하게 켜지면

빨간 콧구멍 흰 고양이가 담장 밑으로 코피를 떨어뜨리는 것 바라보다가

광목 한 필 펼친 것 같은 희디흰 담장에 빨갛게 맺히다가

　바늘이 몸 안으로 들어갔다가 실핏줄을 끌고 다시 나오면

　혈관이 부풀어 솟구치고 한 송이 두 송이 참지 못하다가

　땀구멍마다 앗 따가 앗 따가 가시가 따라 나오다가

　흰 고양이의 입속에 머리를 빼앗긴 어린 새 한 마리
내 손에 들린 작고 붉은 심장이 푸드덕거리다가

　앞길이 구만리 장미꽃 밭이구나 하더니
피 맺힌 줄기를 떨치며 달아나다 그만 잡혔구나
몇백 년 만에 몇천 년 만에 겨우 한 번 맺혔는데
흰 양말 신고 내디딘 붉은 주단이 피 웅덩이로구나

한 세월 수혈하다 한없이 어지러워
모퉁이 돌아 사라져 가는구나
매일매일 붉게 솟구치더니 새파랗게 질려 가는구나

─ 장미꽃 피는 줄 알았더니
　　피 쏟다 갔구나

전 세계의 쥐들이여 단결하라

비 맞고 교문 향해 달려가는데 탁 탁 탁 탁 뒤따라 달려오는 발소리들

선생님선생님안녕하세요어젯밤꿈에는비행기타고구름서달나라쥐새끼나라로

검게 젖은 양철판 같은 거울이 발밑에서 깨어지고 온몸을 타고 오르는 쥐 떼

내아버지내어머니내선생님이 끌던 내 손목, 손목들이 달라붙어

댕기머리 길게 땋고, 비에 젖은 오랑캐처럼 바짓가랑이 잡고 젖어 오르는 쥐 떼

내가 비 맞고 달려가고 있는 동안에도 쥐 한 쌍이 교미한다. 내 수컷과 내 암컷은 하루에 스무 번 정도 교미하는데, 수컷은 능력이 닿는 한 암컷을 바꿔가며

교미한다. 암컷의 임신 기간은 21일이고, 한배에서 8 내지 10마리가 태어난다. 출산하고 임신하고 출산하고 임신한다. 일 년에 열두 번 새끼를 낳는다. 새끼가 새끼를 낳고, 또 낳고 하다 보면, 나는 나를 1년에 1만 5천 마리나 낳을 수 있다.

흰 얼굴 위에 쒸어지는 검은 글씨들, ㄱ ㅎ ㅅ가 날픈 손가락질들, 꼬리에 먹 묻혀 얼굴에 갈겨지는 내 검은 이름, 子母들

추억을 튀기며 달려가는 저 버스, 그 속에 엎드린 젖은 하복 입은 여학생이 애처롭게 우는구나. 여학생 치마폭에 숨은 쥐가, 또 열 마리, 스무 마리 새끼를 밴 쥐가 미친 고양이처럼 우는구나

비 맞고 냄새나는 변발들아, 창궐하는 오랑캐들아, 저 하늘을 가라앉힐 만큼 내 몸엔 구멍이 많구나

빗물 탁탁 튀기는 저 무수한 신발에 매달린 꼬리들, 저 검은 아스팔트 아래 더러운 정원에 물 찬다

애들아, 전선은 갉아 먹지 마, 교실에 불 꺼야지

내가 가면 지하실이몰려간다. 창고가몰려간다. 헛간이몰려간다. 헛간에서치마를걷은여자들이몰려간다. 하수구가몰려간다. 정화조가몰려간다. 쓰레기통이몰려간다. 마굿간이몰려간다. 형무소가몰려간다. 실종된여자들이몰려간다. 폐가 쥐처럼 날아가고, 창자가 쥐처럼 빠져나가고, 혀가 쥐처럼 늘어지고, 턱이 쥐처럼 빠지고, 귀가 쥐처럼 앵앵거리고, 근육이 쥐 떼처럼 무너진다. 무릎이 쥐처럼 주저앉고, 두 발이 쥐처럼 달아난다.

빗줄기 엮어 만든 빗자루에 두들겨 맞고 피 갈기는 쥐 떼가 한 뭉치 달려간다

울고 싶으니까 쳐다보지 마! 나는 선생인데 왜 마음속에선 늘 머리 땋은 여학생일까

 아기 손톱만 한 심장을 켜 들고 집채만 한 쥐가 달려간다

별이

쿵 떨어졌다
우주에서 온 것은 시커멓다
엄청나게 크다
누워! 일어나!
내 살아온 나날만큼 나에게 명령한 저것!

별이 창밖에 있다
누구는 우리가 별을 죽인다 하고
누구는 어머니 별님이라 하고
누구는 기상 이변이라고 하고

겁내지 마라 아가야
별을 따줄게
별은 아주 따뜻하단다
아주 환하단다
니가 조금만 도와주면 내가 니 가슴에 별을 심어줄게
앨리스를 만지러 온 루이스처럼
별이 창밖에 있다

무릎꿇기
　꼴아박기
　물고문
　좌로 취침
　우로 취침
　명령만 하는 무서운 영감의 어깨에 매달린 저것이 창밖에 있다

　늙은 남자의 뇌 속에 든 알츠하이머 회백질과 같은 성분인 저 별이
　가냘픈 것 무거운 것 가만두지 못하고 몸 흔들어 털어버리는 저 별이

　영원히 계속되는 태양의 돌팔매질에 매달린 줄도 모르고
　시커먼 저것이 창밖에 있다

얼굴에 물수건을 씌우고 주전자 물을 계속 콧구멍에 붓다가
지 쓰레빠를 벗어 내 뺨을 갈기는
정강이를 갈기고 머리뼈에 기스를 내고
어쩌다 삐끗하면 다리뼈를 부러뜨려주는 저 단단한 것!

별은 내 가슴에
노래 부르는 부르튼 입술들에게 명하노니
저 꺼끌꺼끌한 별에 입술을 부벼보시기를
가슴에 넣어보시기를

너 가라 하고 싶지만 결국
내가 꼭 가게 되고야 마는
저 별이
저 무겁고 어둡고 꺼칠꺼칠한 저것이 창밖에
있다

맨홀 인류

○
세상에, 이렇게 징그러운 구멍이 있다니!

나의 털 난 구멍들!
위장엔 주름
콧구멍엔 섬모
작은창자엔 융모
사랑엔 음모
구멍 안으로 솟은 털들이 수초처럼 물결친다.
김이 피어오르는 배 속에 차곡차곡 겹쳐진 구멍들.
세상에서 제일 치명적인 축축한 독사들이 헐떡거린다.
채워다오! 우리에게 밖을 채워다오!
그 맛있는 밖을!
난민 구호 빵 트럭을 향해 뻗은 손가락들처럼 털들이 징징거릴 때
누군가 하늘을 향해 금관악기를 들어 푸르름을 찬양하여 울부짖는다.

세상의 구멍들이여, 뚜껑을 열고 짖어라!

○
 담즙이 식도를 통과해 입안에 고인다. 식도가 타는 듯하다. 하수구가 역류한다. 독하다. 방바닥과 천장이 붙는 것 같다. 나는 지금 수평선으로 만든 회초리를 맞고 있다. 내 방으로 서핑하러 오는 사람 꿈을 꾼다.

 고체 연료처럼 내가 목구멍에 심지를 꽂은 채 타오르는 꿈을 꾼다. 연이어 꿈나라에서 기체가 되는 꿈을 꾼다. 귀에서 바람 소리가 난다.

 시멘트 바닥에 내 구멍들이 다 쏟아진 꿈을 꾼다. 내가 그것을 플라스틱 솔로 씻어댄다.

 수도꼭지에서 물이 샌다. 지하실부터 물이 고인다. 내 베개가 지하수 위에 뜬다.

 이쪽을 보세요! 눈을 치켜뜨자 의사가 눈물샘을 긴 바늘로 쿡 찌른다. 눈물이 입안에 고인다. 짜다. 나는 내 안의 바다를 향해 눈을 부라린다.

 목의 신경 구멍이 점점 좁아져서 신경 나무 전체를

압박한다. 구멍에 직접 진통제를 주입한다. 하루에 여섯 통씩 넣는다. 피가 뿜어져 나오려는 잇몸을 꽉 물고 있는 피아노.

오른쪽 어깨가 아픈데 의사가 왼쪽 발가락에 침을 놓는다. 의사는 지휘봉을 들고 내 구멍들의 소용돌이와 나선의 구조를 설명한다. 누가 나의 맨홀 밖으로 머리를 내놓고 내다본다. 누가 내 목구멍으로 비명을 지른다.

구멍을 감싼 내 몸이 구멍을 두고 탈출하려 한다.

구역질이 구멍을 타고 오른다. 살갗을 벗자 몸에 뚫린 파이프들이 밖으로 샌다.

파이프 안으로 불 켠 청진기가 지나간다. 격자무늬 허파 길을 밤버스가 달려간다. 밤버스가 통증처럼 점멸한다.

○

구멍, 만물의 심장.

구멍, 나의 조국, 나의 질료. 나의 따끈한 하나님.

구멍이여, 영원하라! 만물은 큰 자궁의 영생을 위해 작은 자궁들로 한생 지분거리다 가는 것. 저 높은 산 빼곡히 들어찬 여왕개미의 자궁들이여. 내가 숨을 쉬고, 음식을 먹는 것은 구멍에 대한 경배입니다. 구멍에 올리는 내 필생의 제사입니다. 일어나세요 마마, 아침이 왔습니다. 신선한 커피 한 잔 올립니다. 진정하세요 마마, 밤이 왔습니다. 펄떡거리는 뇌를 위해 포도주 한 잔 올립니다. 고통에 구멍을 뚫는 것으로 세상을 창조하신 그분이 구멍에 입김 불어 나를 만드실 때, 내 구멍을 진동하던 당신 날숨의 악취, 오늘 나는 그분을 굶기고 싶습니다.

　바람아, 병든 아이를 쓰다듬듯 내 허파꽈리들을 쓰다듬어다오. 시간의 기둥서방이 아직도 죽지 않고 여기 살고 있다고 말 좀 전해다오. 생전의 구멍이 생후의 구멍으로 유전하며 영생하고 있다고 말 좀 전해다오. 구멍이 구멍을 낳아 구멍을 기르고 있다고 말 좀 전해다오. (그런데 이 말을 내 구멍 말고 누가 듣고 있나요?)

○
다 함께 : 구멍께서는 죽으셨습니다
　　　　　구멍께서는 부활하셨습니다
　　　　　구멍께서는 다시 사셨습니다

(구멍들은 먹고 마신다)

○
자정의 지하철역에서 구멍의 입구를 맞댄
머리에 피도 안 마른 것들이 비명을 지르는지 삼키는지 달달 떠는지 짖어대는지
분수처럼 솟구치는지 지하도 전체가 비릿해지고 있다.

지하철 역사 안에서 손이 시커먼 아이가 손을 내밀고 있다.
잘하겠다고 하고 있다. 다시는 그러지 않겠다고 하

고 있다.
　아이를 이 역에서 몇 주째 마주치고 있다.

　길 건너 산부인과에서 한 구멍이 한 구멍을 낳고 있다.
　제발 무사히 구멍을 낳게 해주소서!
　엄마 구멍의 엄마 구멍이 두 손바닥을 맞비비며 빌고 있을 때
　분만실에서 병원의 배수관들로 만들어진 파이프오르간에 올라타려 소프라노가 가쁜 숨을 몰아쉬더니 하늘을 향해 비명을 내지른다. 큰 구멍이여 뱉으소서! 이 구멍이 이 어린 핏덩이를 감당할 수 없겠나이다. 뱉으소서, 큰 구멍이여! (아기의 탄생 시간은 누가 정하는 걸까? 아기일까? 엄마일까? 별들일까?)
　병원 복도를 휘몰아치는 둔주곡 속에서 한 생명이 돋아 나오고 있다. 자정 근처 시각이다.
　또 하나의 맨홀 인류가 탄생하고 있다. 시간이 아기의 몸에 구멍을 뚫고 있다. 머리에 맨홀 뚜껑을 얹

고 있다.

  그 아래 식당에서 식물, 동물 구별할 것도 없이
질투와 고독과 영혼을 구별할 것도 없이
도마 가득 몸들 올려놓고
두 손으로 난도질하고 있는 요리사의 손동작!

  내가 내일 아침 저것을 먹는 것은 구멍의 껍질을 먹는 것인가? 구멍의 밖을 먹는 것인가? 구멍의 사슬을 먹는 것인가? 내 구멍의 보존 욕구여, 쉼표로 연주되는 쉼 없는 음악이여, 만만세여!

  ○
  구멍의 본질은 불꽃 내부의 텅 빈 공간처럼 속이 비었다는 것.
  혓바닥은 그곳, 아무것도 없는 구멍 끝에 속옷도 입지 않고 매달려 핥고, 오 오 오 소리를 낸다는 것.
  그러므로 욕망을 잘 다스리라는 말은 순대의 속,

그 텅 빈 곳을 잘 다스리라는 말!
　세상에, 보이지도 않는 곳을 어떻게 다스리라는 말씀들인지!
　배고픈 순대들 속에 좌정하고 계시다는 공장장님은 어떻게 생겼을까?

　○
　산부인과 한 층 아래 중환자실에선
　구멍에 전기를 꽂고, 그래프는 왕왕 돌아가고, 심장은 팡팡 울리고,
　그러다 운명하셨습니다. 시각은 자정 지나 12분. 바늘도 없는 시계가 하나 멈추네.
　죽은 자의 구멍들이 일평생 처음 맞이하는 기쁨으로 축 늘어지면 시계는 태워지고
　껍질은 남아 냉동 서랍에 모셔지고 기쁨에 찬 구멍 하나 저 공중에 떠가네.

○

　죽기 전 검은 터널

　죽은 후 흰 터널

○

　무슨 헛소리를 하느냐고? 사랑은 어디에서 나오냐고?

　사랑이 어떻게 이 구멍에서 나와 저 구멍으로 가느냐고?

　그 냄새나는 구멍 좀 치우라고?

○

　겨울 연통을 두드리듯 엄마맨홀이 아기맨홀을 두드리고 있네.

　무슨 이런 신기한 맨홀이 다 있어?

　배고플 때마다 앙 앙 앙 눈물이 솟구치는 구멍이 있다니.

　두 콧구멍 굴뚝이 칙칙폭폭 울부짖네.

아기맨홀이 울 때마다 엄마맨홀은 반도네온 폈다 오므리기 탱고 악사 손동작!
　아기맨홀과 연결된 파이프를 자른 후 닥쳐온 피돌기 장애 때문에 온몸에 푸른 꽃을 피운 엄마맨홀이 구멍 수선하러 아래층 내과로 내려간다.

　아기는 이 구멍
　엄마는 저 구멍

　각기 다른 레인을 헤엄치는 수영 선수들처럼
　마주 보는 건너편 구멍은 다 다른 곳.

　○
　병실 침대에 누운 세면기와 변기들은 저마다 시끄러운 소리를 내고
　매트리스 속에서 붉은색 복수(腹水)가 차오르고 있다.
　텅 빈 낭하를 푸르게 표백하는

형광등 속에는 날파리들이 가득 죽어 있고
간호사들은 하수도에 망가진 구멍들이 토한 것들을 버린다.
흰 구름 모양의 모자를 얹은 저 맨홀들!
저 구멍들이 내성이 강한 패혈증 바이러스를 나른다는 소문이 있다.

○

사지에 힘을 빼고 두 팔을 머리 위로 올리고
수증기가 피어오르는 자세를 취해보세요.
몸의 구멍들이 다 열린다고 상상해보세요.
고체몸을 액체몸, 기체몸으로 바꾼다고 생각해보세요.
구멍의 덧셈, 곱셈을 풀어버리세요.
몸이 소용돌이치면서 배수구로 빠져나가는 모습을 그려보세요.
그다음 푸른 하늘이 구멍들 위에 걸터앉아 용변 보는 상상을 하세요!

큰 하수관 사방에 팔다리가 달려 있고
　무거운 맨홀 뚜껑을 모가지 위에 올린 나의 자태!
　꿈길에 발을 헛디뎌 구멍에 빠진 소녀가 운다.
　그 소녀가 동굴 가장 깊은 곳으로 기어들어간다.
　전조등 불빛이 두더지가 어둔 땅을 파듯
　내 육체와 영혼 사이의 틈새 계곡을 비춘다.
　그 소녀를 찾고 있다. 소녀가 거대한 바위 밑을 달팽이처럼 기어들어간다.
　링거액이 똑똑 떨어져 내 동굴에 구멍을 뚫으려 한다.
　불 켠 거울이 내 몸의 단층을 훑고 지나간다.
　이곳에서 신경이 퇴화된 곤충류 파충류 설치류 안개류 은하수류
　통칭하여 괴물들이 솟아오를 때가 있지만 웬일인지 오늘은 소녀의 신음 소리뿐.

　여기 보십시오 의사는 말한다

이 구멍의 이음새 부분이 비석회화 결절들로 협착해 있습니다

심전도 측정기는 구멍의 어떤 멜로디와 연결되어 있을까?
거짓말 탐지기는 구멍의 어떤 멜로디와 연결되어 있을까?

○

구멍에서 검은 연기가 올라온다. 내가 나를 태운 연기다.
나는 발바닥에서 시작해서 멈추지 않는 나선을, 위로! 위로! 검은 미로를 쏘아 올리고 있다.
미로 안에 숨어 있는 방들을 통과한 검은 연기가 막힌 하늘 아래서 천둥 치며 울부짖는다.

내 얼굴 내 머리카락이 소용돌이치며 내 구멍 속으로 빨려 들어간다.

비오는 날의 수챗구멍 속으로 내가 빨려 들어간다.
그때, 추락하는 더러운 방마다 좌정한 이 누구던가! 이 방에서 저 방을 부르며 부르르 떠는 소리 들리던가! 내가 내 밖에서 나를 부르는 소리 들리던가.
끝없는 심연 위 가느다란 로프에 매달린 채 검은 비 맞는 이 누구신가.

그 누구의 것도 아닌 나의 잠은 어디에 있다가 이제야 오는가.
그 누구의 것도 아닌 나의 사랑은 어디에 있다가 이제야 오는가.
그 누구의 것도 아닌 나의 고통은 어디에 있다가 이제야 오는가.

아픔아 너는 어디서 왔니?
무엇 무엇을 태워버리고 이렇게 뛰어서 왔니?
네가 나니? 이게 누구니?
왜 구멍 속에 기차가 살고 있니?

   이 기차가 사랑한다 사랑한다 그러면서 리듬 맞춰 나를 탈선하고 있니?
   그렇게 많은 승객들을 다 죽음으로 실어 나른 기차!
   검은 산속을 터널이 휘돌고 폭풍처럼 기차가 나를 지나쳐 간다.

   이 기차를 굶겨 죽여야 할까?

   ○
   구멍을 위한 구멍에 의한 구멍에 대한 사랑. 나는 사랑을 말하는 척하면서 구멍을 쓴다. 나는 슬픔을 말하는 척하면서 구멍을 쓴다. 나는 당신을 말하는 척하면서 구멍을 쓴다. 나는 나를 말하는 척하면서 구멍을 쓴다. 나는 구멍에 의한 구멍을 위한 구멍의 글을 쓴다. 쓰다 말고 나는 내 몸을 들여다본다. 이것은 구멍을 둘러싸고 있는 가면이다. 이 가면에 무늬를 새기다 사라져가는 문명의 성쇠여. 이것을 찢으면 구멍은 없다. 나는 걸어본다. 구멍의 건축을 둘러싼 이 괴상망측한 구조물이 덜그럭덜그럭 걸어간다. 나는 암소나 암캐처럼 두 손으로 땅을 짚지도 않고 이렇게 고개를 빳빳이 들고 걸어간다. 나는 '없음'이라는 주형에 들이부어진 반죽이다, 직립한 사운드다. 불안이 침범하기 쉬운 취약한 구조다. 마침내 승리할 '없음'을 위해 나날이 경배하는 나여! 나의 살이여! 인도 사람들은 '그대 안의 신에게' 나마스테라고 인사한다. 누가 이 주형에서 지금 막 떠진 내 몸에 고리를 걸어 슬픔의 방아쇠를 당기는가.

  이 구멍의 구조는 구멍의 출구가 구멍의 입구를 빨아 당기게 되어 있다. 죽음이 탄생을 빨아들이게 되어 있다. 조선의 왕자 중 하나는 출구가 막힌 채 태어났다는 설이 유포된 적이 있다. 왕자의 몸에 구멍을 뚫는 것은 범죄였으므로 그는 죽었다. 나의 시간은 이 구멍 구조 속에서 쉼 없이 배설된다. 나는 구멍에 삼켜져 구멍으로 배설된다.

○

 '첫' 사과의 옆구리가 퍽 터지면서 벌거벗은 '첫' 여자의 입술로 빨려 들어간다. 원시 여자의 누런 치아들과 냄새나는 혀가 사과를 잘게 빻기 시작한다. 태양들이, 찬바람들이, 사과꽃들이, 뺨을 부비는 빗줄기 살랑거림들이 웜홀 속으로 빨려 들어간다. 사과는 어디로 가는지도 모르는 채 일반상대성원리를 좇아 깔때기 아래로 밀려 내려간다. 이곳을 통과하면 시간여행을 할 수 있다는 전설이 전해진다. 이곳을 나가서 먼 과거에 도착해 치명적인 뱀을 죽이면 나는 태어나지 않는 시간, 그 광활 속에 있게 된다는 전설이 전해진다. 이 구멍을 소화하려면 반드시 '음(陰)'의 질량 적당량이 필요하다. 구멍 내부에서 얼른 소화액이 분출된다.

 비워라! 내 구멍. 아밀라아제. 베스타아제. 소화제를 분비해 무엇이든 섞어서 내려 보낸다. 사과를 다

섭취하고 나면 다시 공허를 향해 껄떡거리는 애달픈 구멍. 바다에 추락한 뱀처럼 허우적거린다.

　○
　구멍은 하늘나라의 창녀
　구멍은 공허의 둘째 부인
　구멍은 시간의 매춘굴
　구멍은 잠의 정찰병
　구멍은 이별의 전사

　이 구멍의 건축엔 바닥이 없다. 그래서 세상에서 제일 깊다.
　이 구멍의 건축을 메울 수 있는 사람은 아무도 없다.
　어린 피아니스트가 피아노 앞에서 음악의 우주를 홀연히 들여다보고, 은하수 머플러를 순간적으로 둘러본 그 어느 때처럼, 해안도시에 내린 빗물이 이 지상에 몇 분 살아보지도 못하고 소용돌이치며 배수구로 빠져들어 순식간에 다시 바다에 닿은 그 어느 때처럼 망각의 깊은 구멍 속으로 내가 빨려 들어간다. 멀어지고 또 멀어져간다. "깊은 곳에서 내가 주께 부르짖나이다!"(두 번 외침)

○

구멍 속에 사는 쥐 떼를 전부 소화할 수 있다면, 해탈한 사람이 되어 다시는 태어나지 않을 수 있다는 설이 유포된 적이 있다. 이미 저세상을 임신한 여자가 뒤뚱뒤뚱 걸어가고 있는 오후, 쥐 떼들이 내 구멍 속에서 나를 물물교환하고 있다. 밭은 숨소리들의 합창이 들려온다.

당신은 아는가, 역광 속으로 걸어가는 당신이 허공에 뜬 하나의 구멍이란 걸.
당신을 걷는 내가 또 하나의 구멍이란 걸, 당신 구멍 속이 구만리라는 걸.

○

　간혹 구멍 속에 사는 여자가 튀어나올 때가 있다.

　빛을 본 적이 없는 심해의 여자다. 살갗 없는 붉은 괴물이다.

　시간의 소용돌이에 시달려 얼굴이 둥근 여자다.

　심장이 몸 밖 가로등에 걸려 골목 전체가 쿵쿵 울릴 때가 있다.

　몸 안의 피가 차가워지고 그림자와 내가 몸을 바꿀 때가 있다.

　그림자엔 구멍이 없다. 저세상이다.

○

　엘리베이터를 타고 지하 주차장의 버튼을 누른다. 내가 병원을 나서자 내 구멍이 쓴다. 검은 헤나가 흘러나오는 뾰족한 펜으로 글씨를 쓴다. 구멍의 심연이 퍼 올린 꿈 하나가 쓴다. 구멍 속의 여자가 구멍 밖으로 사지를 뻗치며 쓴다. 구멍을 울리며 외마디 말이 쏟아진다. 혀가 그것을 뒤섞는다. 그러나 나의 말은 내 밖으로 나가서 다시 내 구멍 속으로 돌아온다. 내가 꽃이 핀다 꽃이 핀다 외치자 내 구멍 내부에서 꽃이 진다.

○

　내 구멍 속을 조리할 때 쓰는 동사는 '끓이다, 굽다, 찌다, 졸이다, 달이다, 태우다'이다. 이 동사들 앞에 쓰이는 목적어는 배춧속, 순대 속, 마음속 같은 '속'이다. 당신이 내 속을 조리한다. 양파 속 같은 내 텅 빈 곳을 잘도 조리한다. 나는 내 속이 타들어가는 것을 멈출 줄 몰라 늘 보이지도 않는 심지를 태우고야 만다. 내 속을 끓이는데, 이상하게도 내 마음에 탈이 난다. 당신은 '＋열'과 '＋물'한 동사로 조리하는데, 그 동사에 '＋열', '＋시간' 할수록 내 구멍에서 연기가 솟아오르고 '끓다, 굽다, 찌다, 졸이다, 달이다, 타다' 순으로 내 마음이 조리된다. 최후엔 항상 몸 전체가 탄다. 당신이 내 마음을 태우면 내 몸도 탄다. 마음과 몸의 가림판이 녹아내린다. 녹아내린 것이 다시 피어오른다. 고체가 기체가 된다. 참고로 말하자면, 꽃은 기체다. 붉은 수증기 한 송이다. 마음은 조리법인 동시에 조리된 것의 상태다. 내 마음을 태운 연기가 당신의 구멍 속을 밀고 들어가면 당신은 저리 가, 고약한 냄새! 젓가락을 던져버린다. 그렇다고 조리되지 않은 생선회처럼 저며진 마음을 좋아하지도 않으면서 말이다.

 오늘의 요리── 증오 몇 뿌리를 넣고 거기에 내 구멍을 빻아 넣고 그림자 가루를 섞는다. 그다음 불 위에 올리고 졸인다.

 ○
 파이프를 가득 실은 트럭 뒤를 따라가고 있노라면 내 온몸의 구멍들이 부르르 떤다.
 누구의 몸이 되시려는가, 구멍들이여!
 그 속의 둥근 어둠이여!
 구멍이 되고파 헐떡이는 투명한 혀여!

○

 구멍이 악을 쓰고 있다. 전화기에 대고 소리치고 있다. 콧구멍을 후비고 있다.
 구멍이 골똘히 생각하고 있다. 비웃고 있다. 들이받고 있다. 자동차 뒤에 자동차들이 길게 늘어서 있다. 밀려가지 않고 있다. 토하지도 못하고, 울음을 참고 있다. 토사물이 위액과 함께 목까지 올라와 있다. 가죽 장갑을 낀 경찰이 달려오고 있다.

○

 '나', 내가 내 몸속에 유폐되어 있는 곳을 부르는 이름!
 '나', 몸속의 구멍 밖으로 모습을 드러내지 않는 자들을 통칭하여 부르는 이름!
 '나', 혹은 몸속에 사시는 분을 알아보지 못하는 이분을 모셔 부르는 이름!
 그런데 나는 지금 구멍이 아픈 걸까? 구멍의 가면

이 아픈 걸까?

 구멍이 죽으면 '나'는 죽는다. 그러므로 '나'는 호수에 그려진 파문 한 자락을 부르는 이름. 구멍의 건축에 감금된 한 여자를 부르는 이름.

 그리하여 다시 나는 구멍이다. 나는 구멍한다. 나는 스스로 구멍하는 자. 만물은 구멍이다. 만물은 구멍한다. 만물은 마침내 죽었지만, 구멍은 살아 있다. 구멍은 과거에도 있을 것이고, 미래에도 있었다. 나는 구멍의 놀이터, 나는 구멍의 아픔. 나는 구멍의 짐꾼.

 ○

 꽃으로 올라가는 구멍의 내벽에 더덕더덕 붙은 진액들, 피고름들, 진드기들. 신생아의 피부에 붙은 싯누런 피지들, 피고름들. 작은 구멍 하나가 썩기 시작한다. 구멍이 점점 커진다. 이윽고 꽃이 고개를 떨군다. 허공에 파문을 그리다 그만 사라져간 꽃 한 송이. 잠깐 떠 있다가 어디로 갔는지, 한 떨기 보이지도 않는 수증기의 파문.

○

별이 하나도 뜨지 않는 칠흑 같은 골목을, 거기 굴뚝을,

그 어둔 구멍을 오르내릴 물이여! 불이여! 바람이여!

구멍의 어둠을 데우려면 몸 밖으로 나가야 해!

사람들은 왜 늘 같은 말만 할까?

'여기 사람들이 가득 차 징그러워요. 사람 없는 곳으로 가요.'

내 구멍 아래엔 웃는 입처럼 벌어진 무덤들.

유해가스와 오수가 가득 흐르는 곳.

내가 내 몸속으로 들어가 질식한다.

이 구멍을 다 통과하면 저 묘혈로 떨어져간다

구멍은 우주라는 광활로 만들어진 연통이다.

연통의 맨 안쪽에 내 심장이라는 연탄난로가 있다.

○

　구멍을 청소하라! 한 마리의 쥐도 남기지 마라!
　내 구멍으로 쥐를 가득 실은 열차가 도착한다. 쥐떼가 창궐한다.
　구멍을 얼른 관 속에 넣고 못을 친다면?

○

　지금 그립다고 편지를 쓰는
　당신의 이름은 쓸개인가? 아니면 작은창자?
　그것도 아니면 식도?
　당신의 이름은 구멍에 붙인 명패.
　나는 당신의 구멍까지 사랑해야만 해.
　당신은 허방의 극장.
　구멍의 예배당.
　구멍 생산 공장.
　내가 당신의 얼굴을 보면, 당신 구멍의 건축을 점칠 수 있네.

당신의 혀가 채송화 꽃잎처럼 섬세하게 떨리더니
  구멍 끝에 매달린 꽃잎이 떨어지며 내 이름을 부른다.
  그러니 오늘 우리 하수구는 잊어버리자.
  당신의 구멍과 나의 구멍이 고상하게 징징거린다.
  구멍을 오가는 교신, 징징거리기.

  ○
  발자국마다 구멍이니 꽃 떨어진 자리마다 구멍이니 쓰다듬고 떠난 자리마다 구멍이니 입 벌리고 닫은 자리마다 구멍이니 고약한 구멍이니 해 뜨고 진 자리마다 구멍이니 도처 구멍이니 흡사 구멍이니 구멍이 구멍을 입으니 구멍이 구멍을 낳으니 희한한 구멍이니 희미한 구멍이니 희끄무레 구멍이니 허파 구멍이니 허파 구멍으로 들어갔다 나와도 구멍이니 화급한 구멍이니 화창한 구멍이니 화통한 구멍이니 구멍 깊으니 구멍 높으니 구멍 까마득하니 구멍 덜컥 빠지니 구멍 기어오르니 구멍 털어내니 구멍 후비니 구멍 박으니 구멍 쌓이니 일진광풍 만화방창 구멍 불어오니 천지사방 사방팔방 구멍이니 구멍이 구멍을 벗으니 내가 구멍을 쫓는 것인지 구멍이 나를 쫓는 것인지

  구멍 하나 구멍 둘이라고, 이 커다란 새벽 구멍이 호명하니

  ○
  구멍, 나의 거지.
  구멍, 나의 왕자.
  구멍, 내 몸의 움직임을 위한 철근 콘크리트.
  구멍, 나의 아득한 만다라.
  구멍의 원활한 교통, 그것이 삶이다.
  구멍이 나의 길이요 진리니, 나의 시작이요 마지막이니, 당신은 당신의 구멍을 다해 구멍하라.
  내 구멍의 정체, 내 구멍의 고독. 내 구멍의 중독.
  내 구멍의 관제탑에 앉아 계시는 이 누구신가?

내가 내 구멍의 미로 속을 실을 풀며 간다. 구곡양장의 머나먼 길.

그럼에도 오늘 나는 내 길에 당신을 내려보내 착상하고 싶다.
내 하수구에서 당신과 살림 차리고 싶다.
범고래가 지구 구멍을 한 바퀴 돌아왔다 새끼를 데리고 다시 나간다.
나는 구멍 깊은 곳에서 미지근한 물이 샘솟는 우물처럼 출렁거린다. 두근거린다.

구멍 노동 이것이 생이다.
구멍은 당신이 투척한 시한폭탄이다.

당신이 내 구멍 속에 손을 넣어 휘젓고 있다.
구멍의 끝에 혀처럼 돌돌 말린 채송화가 핀다.
꽃잎이 침을 흘리며 나의 안팎을 향해 혀를 날름거린다.

꽃이 말을 버무려 향기를 휘젓고, 씨앗을 먹여 살린다.
다시, 참고로 말하자면 꽃은 문이다. 문은 기체다. 안도 아니고 밖도 아니다.
그런데 왜 씨앗을 구멍 밖으로 뱉어서 문을 키워야만 하지?
밑 빠진 독에 물 붓기. 그러나 밑 빠진 독에서만 피는 꽃.

○
구멍을 멀리하라.
구멍을 금욕하라.
구멍은 다 늑대다.
구멍 랍비들의 교훈.

내 구멍이 달보고 짖는 밤, 나는 구멍을 붙안고 잠들어 구멍의 노래를 듣는다.
내 무릎 속에, 내 임파구 속에, 내 골반 속에, 내

사타구니 속에, 내 식도 속에, 내 콧구멍 속에, 내 귓구멍 속에 든 노래. 내 구멍이 노래하면 저 건너 대륙의 구멍이 응답한다.

티베트 사람 하나가 내 허벅지에서 뼈를 꺼내 피리를 다듬는다.

내 노래가 당신 구멍 속을 비행기 타고 나는 꿈, 착륙하는 꿈.

낑낑거리며 무거운 외투를 벗어버리듯 내가 내 구멍을 벗어버린다.

구멍을 벗을 때 음악이 열린다. 감금된 음악이 고치를 푼다. 핏줄을 타고 흐르던 노래가 펜 끝을 타고 흘러내린다. 그대 구멍이여, 문을 열어라. 내 구멍은 내 몸의 이행 없이는 열리지 않는 것. 그대 구멍이여 구멍하라. 내 구멍이 열리면서 당신의 구멍을 연다. 구멍에서 음악이 솟구친다. 구멍이 그것을 듣는다.

음악이 내 구멍의 미로에 숨은 묘혈들을 다 발굴하고 있다. 음악의 한가운데를 지나가던 파이프라인이 진동한다. 이 음악을 들으려면 당신 살을 찢어야 해. 나는 희망도 없이, 위로도 없이, 의미도 없이 전율을 타고 높이 치솟다가 깊이 떨어져간다. 저 깊은 곳에서 껍질을 버린 거대한 구멍이 확장한다. 그때,

  나는 갠지스 강변에서 버터를 마시고, 목구멍에 심지를 꽂은 시신처럼 타오른다. 내 일생이 지나간 어둡고 외로운 구멍들이 촛농을 내뿜기 시작한다. 내가 지금 이 순간이라고 부르는 구멍의 봉우리에서 불꽃이 핀다. 지금 이 순간 내 몸의 봉화대에 불이 지펴지고, 멈추지 않는 소멸의 급류를 타고 불꽃이 핀다. 시간의 한 점에 꽃이 핀다. 어둠의 광장에 불꽃의 만다라가 넘실댄다. 내가 그렇게 구멍의 절정을 넘어갈 때 저절로 밀려 나오는 노래의 노래, 외침의 외침. 온몸의 구멍들이여 울어라! 혈관이 하얗게 타고, 목구멍이 하얗게 탄다.

구멍 밖으로 노래가 날아오른다.
졸업식 모자들처럼 잠시 공중에 맨홀 뚜껑들이 뜬다.

○

춤은 내 구멍 속에 든 음악이 불러낸 나의 슬픔.
춤은 내 구멍을 타고 오르는 음악이 불러낸 흐느낌.
자정이 지난 시각, 거리에 나타난 굶주린 분홍신처럼 나는 춤춘다.
구멍에서 나왔으나 구멍을 입은 나의 몸이여, 한없이 증식하는 구멍이여!
나는 이 미로를 다 춤추어야 한다.
나는 이 구멍이 거룩해질 때까지 춤추어야 한다.
깃털을 단 뱀처럼 일어나 춤추는 구멍이여.
노래가 담긴 터널이여, 회오리여, 머나먼 길이여.
내 구멍이 춤춘다. 불꽃이 춤춘다. 나를 태운 재가 춤춘다.
구멍이여! 춤 속으로 사라져라!

손도 발도 머리도 없는 구멍이 춤춘다. 향로의 연기처럼 춤춘다. 발밑의 하수구가 탄성을 지르고, 바람이 탄원한다. 아이구 놀래라, 가로수 이파리들이 전부 당신의 귓바퀴다.
내 비루한 구멍을 들어 하늘을 향할 때, 그 속에서 금빛 우주선이 발진한다.
광장에서 내가 운다, 웃는다, 소리친다. 입술이 분수처럼 터진다. 슬픔이 터진다.
구멍이 밖으로 쉼 없이 배출된다. 잠시 리듬의 만다라가 뜬다.
하늘이 나의 맨홀 뚜껑을 열고, 형언할 수 없는 리듬으로 채워진 구멍에 불을 붙인다.
금색 파도 속을 내가 서퍼처럼 지나간다.

그러던 잠시 나는 화살을 맞은 매처럼, 깃털을 잃은 뱀처럼 추락한다.
음악으로 빚은 세상이 길바닥에 쏟은 물처럼 땅속으로 스민다.

구멍의 기슭을 오르내리던 음악의 발광점들이 유성처럼 죽는다.
소매 속의 새들이 죽는다. 모래 만다라가 빗자루 밑에서 스러진다.
차디찬 숯, 검은 방패의 밤이 닥친다.

○
하와이엔 파도가 만드는 터널이 있다.
순간적으로 솟아올랐다 둥글게 허물어지는
거대한 파도가 만드는 터널.
푸른 바다가 한숨을 내쉬면 바다의 안팎이 뒤집히고
그 한숨 속을 노란 보드에 올라선 서퍼가 지나간다.
열리면서 무너지는 푸른 터널!
깊은 파도 속을 떠도는 구멍 한 필.

제3부

에베레스트 부인의 아침 식사

 헬리콥터가 바다 밑에서 거대한 코르셋을 끌어올리자
 바다 밑에 숨어 살던 뚱뚱한 여자가
 자동적으로 딸려 올라온다
 하얀 얼굴 파란 힘줄
 햇빛을 받아본 적 없는 얼굴이다

 그는 여자를 정조대 위에 앉힌다
 나팔관처럼 생긴 식탁의 팔걸이
 그녀는 거기 묶여 아침마다 식사를 한다

 바다에서 짠물이 싫어 천천히 대륙이 융기한다
 어찌나 높이 솟았는지 흰 구름이 저 발아래
 에베레스트 산 곳곳엔 아직도 바다가 숨어 있다
 죽은 조개들이 떠내지고
 흰수염고래 화석들이 떠오른다
 그녀의 몸속 어딘가에서 거대한 소금분수가 분출한다

(내 몸 깊은 곳에서 발원한 강이 어디로 흘러가는지)

그녀는 산 정상에서 밥을 먹는다고 생각한다
공기가 희박하다 오버 여기는 나 혼자다 오버
숨이 막힌다 오버 그러나 아무도 오지 마라 오버

식탁 의자 아래 사막이 넓어진다 날마다 넓어진다
사막이 코르셋처럼 강의 허벅지를 조인다
그러면 강이 사라진다
강이 사라지면 사람들이 사라진다
마을이 사라진다 나라가 사라진다
사라진 강바닥의 모래는 밀가루처럼 부드럽다
그 밀가루로 구운 빵에 잼을 발라 아침을 먹는다
식탁 의자 아래 먼지구름이 창궐한다

나는 곧잘 히말라야 정상에 걸터앉아
저 까마득한 심해를 내려다보며

아침을 먹는다고 상상한다
식탁 아래, 흰 테이블보로 만든 구름 아래
땅에 닿지 않는 두 다리를 마구 버둥거리며

정작 정작에

정작 꽃집에는 없는 것, 흙
정작 새집에는 없는 것, 하늘
정작 물고기집에는 없는 것, 바다

우리집에 없는 것은 당신이 더 잘 알겠지?

쥐와 벼룩과 바퀴벌레를 힘껏 밀어내고
엎드려서 웅얼웅얼 글씨 읊조리고 있는 우리집
잡초와 빗줄기와 유령의 머리칼을 밀어내고
바람에 움찔움찔 계단을 터는 우리집

높은 집이라는 말 속에는 무엇이 들어 있나
추락한 인부의 이빨이 들어 있네
먼 집이라는 말 속에는 무엇이 들어 있나
담벼락에 붙은 늙은 엄마의 손바닥이 들어 있네

즐거운 집이라는 말 속에는 무엇이 들어 있나
 소름끼치도록 말랑말랑해 두 주먹을 꽉 쥐지도 못
하는

시시로 치미는 악령의 눈동자가 한 벌 들어 있네

하나님의 집에는 태어나라 죽어라 동사님들만 살고
우리집에는 나 나 나 나 인칭대명사님들만 살고
자연의 집에는 무서워 무서워 형용사님들만 살고

검은 샘 깊은 집엔 누가 누가 사나
뱀처럼 땅속에서 깨어난 수맥이 살지

어느 날 장황한 소설이 지리멸렬하게 끝나듯
식구들 지상에서 모두 떠나고
꽃이 피고
나비 날고
저녁 가고
봄 오고
식사 같이 하실래요
영원히 죽지 않는 시계에 사는 망치가 시간 맞춰 때려주는 집
이생에 태어나 몇몇 집에 살다 가게 되는지 헤아리

다가 잊어버렸네
 이다음에 귀신이 되었을 때 나는
 그 어느 집에 제일 자주 출몰하게 될까?

 꿈 밖에서는 알아들었는데 꿈속에서는
 정작 못 알아듣는 말, 우리집
 모여 살 때는 알아들었는데 정작 정작에
 나 죽은 다음에는 못 알아듣는 말, 우리집
 다음 생에선 엄마아빠오빠동생 우리 우리 어떻게
알아볼까?

 그러나 그러나 배 가라앉고
 바닷속으로 잠겨가면서도 눈 감지 못하던 눈동자들!

 집에 가고 싶어! 하던 눈동자들

아주 조그만 잠 속에

 아주 조그만 나무 아래 아주 조그만 달이 떴는데 그 조그만 달 아래 아주 조그만 사람들이 아주 조그만 집을 굴리면서 가는 평화로운 밤이었는데 엄마는 교미가 끝난 후 아빠의 체액을 다 빨아먹고 아주 조그만 집에다 아주 조그만 나를 거품 속에 낳고 있었는데 아주 조그만 나는 기차를 몰고 활주로를 놓고 무궁화 꽃이 피고 꽃 높이까지 로켓을 쏘아 올리고 폭죽이 터지고 아이고 자랑스러워라 내 새끼! 엄마가 꾸는 꿈속에서 나는 그까짓 내 작은 눈꺼풀 속에 들어 있는 눈동자보다 작은 잠의 나라에 정복당한 몸을 눕히고 렘수면의 깊은 액체 속에서 다시는 볼 수 없는 머나먼 풍경들을 애타게 찾고 있었는데 아주 조그만 내 까만 눈동자 속에 들어 있는 불개미가 알을 슨 것 같은 아주 조그만 꿈속에서 손톱보다 작은 비행기가 날아오르고 눈물샘보다 작은 엄마의 국솥에 빠져 죽을 뻔하다가도 아주 조그만 잠의 나라 군사들이 진군해오는 것을 내다보면서 내가 평생토록 되돌아가려 발버둥 칠 그 웅대한 세계의 광활한 초원에 아주 큰 나무 위로 아주 큰 달이 떠오르고 아주 큰 달빛 방패들이 다가오는 꿈 얘길 신나게 하고 있었는데 당신은 고작 그 작은 눈 속에 들러붙은 먼지보다 작은 창문으로 내다보는 꿈이 무슨 대수라고! 그 속에서 개미 다리보다 짧은 몸뚱어리를 굴리고 다니는 주제에! 하면서 눈썹 한 터럭보다 조그만 기차에 올라 내 얼굴 위로 레일을 타고 가버리고 그 나무 아래 아주 조그만 무궁화나무 아래 아주 조그만 수면에서 허우적거리는 걸 나는 제일 좋아하는데

타조

몸은 태아처럼 조그만데 날개는 구만리
끔찍한 애가 찾아왔다
낙타와 물새가 교배해서 태어난 것 같은
육지도 하늘도 물가도 싫다는 애가 찾아왔다
발바닥은 사막을 걷기 좋게 딱딱하게 생겼는데
얼굴은 물고기를 낚기 좋게 볼가진 애다

나는 내가 타조인 줄 모르는 타조일까?
내 얼굴에서 자꾸 안경이 미끄러진다
안경을 코에 걸치고 두리번거리는 애가 왔다

시방 내 몸은 외국어로 가득 차 있다
영어도 중국어도 쥐어도 고래어도 코끼리어도 아니다
내가 들어본 적도 없는 땡볕같이 시끄러운 언어다

시방 내 몸은 벌레로 가득 차 있다
파리도 모기도 개미도 지렁이도 삼발이도 아니다

죽은 이의 몸에서 지금 막 땀 흘리다 도망 온 것같이 생겼다
 확대경으로 봐야만 보이겠지만 내 몸에 티끌처럼 산포한 내 마음 같은 거라고나 할까
 (나 죽으면 먹어 치우겠다고 여태껏 애태운 생물처럼)

 전체적으로는 방바닥에서 올라온 못생긴 나무처럼 생겼다고나 할까?
 놀라는 표정, 새소리처럼 쨱쨱거리는 말투
 두 발을 잊어버린 채 꿈속에 빠져 허우적대는
 조류처럼 생겼다고나 할까?
 찢어진 가슴 틈에서 올라온 잡초가 내 검은 브래지어마저 뚫고
 너무 무성하게 자라버린 모습이라고나 할까?
 어쨌거나 좁은 구멍에서 고개를 내민 것 같은 어리둥절한 모습이다

 바로 앞에 서 있어도 멀리 있는 것 같은 모습
 밤이면 복도를 걸어다니는 날개가 무거워 날지도

못하는 새
　　조금 아까 말했지만 몸통은 조그만데 날개는 가없이 펼쳐진다

　　다 살아버렸는데 임종하는 이 순간이 이리도 길구나! 바로 앞에 서 있어도 멀리 있는 모습
　　가끔 끔찍하게 울부짖는 낙타 울음소리를 내는구나!

　　나는 자다가도 일어나 얘를 본다
　　냄새 고약한 애지만 나랑 친하다
　　나는 얘를 처음 보았을 때
　　나 숨 거둘 때 마지막으로 망막에 잡힐
　　내 속눈썹 같은 거야라고 생각했다
　　빈집에 몇 년째 저 혼자 서 있는 크리스마스트리처럼
　　먼지 쌓인 눈동자 비비지도 못하는 끔찍한 자태!
　　당신 콧구멍에 둥지를 튼 미생물을 집채만 한
　　확대경으로 들여다본 것 같은 모습!

그림자 청소부

내가 집에 있을 때
사람들은 나더러 누구냐고 묻지도 않는다
대번에 나인지 안다
집에 있는 건 나니까
그러므로 온갖 것들이 나에게로 들어온다
여보세요 슬픔 주문하셨지요? 아니면 불안은 어떤가요?
귀신 십이 인분의 냉기 주문하신 거, 맞죠?
초인종이 울리고 휴대폰이 울리고
바람도 강물도 아닌 것이 들어온다
내 몸이 지상에서 잠깐씩 빌려 쓰는 부동산
내 그림자 오천 장이 배달 온다

무슨 치부책이 이래요?
자책
자책
자책의 치부책만 꽂힌 내 책꽂이
검은 페이지마다 내용이 왜 이래요?

내가 내 그림자로 만든 책을 푸르르 넘기면

부엌이 소리친다
안방이 소리친다
주문하셨나요?

내가 밖으로 나가면 사람들은 내가 누군지 모른다
그냥 아줌마 그렇게 부른다
징조 : 불길의 새가 날개를 펴고 공중 높이 배회한다
징조 : 억울의 새가 억울 억울 운다
성대를 잃은 앵무새가 쇄골에 올라앉아 저주를 내린다
날개 꺾인 불행이 우울증에 걸려서
까마귀처럼 검은 우산으로 땅을 탁탁 짚는다
공포가 나가신다 슬픔님이 행차하신다
죽음을 피해 날던 까마귀가 내 품의 지붕에서 운다
밖에 나가면 배달부가 오지 않으니 그나마 다행이다

그러나 집에 들어오면 엎드려
마루에 경배한다
마루님 창문님 기둥님
내 마음만은 건드리지 마세요
내 손이 하루에 한 번씩 다 닿아주어야
만족하는 집
벽이고 거울이고 숟가락이고 하루에 한 번씩
다 닦아주어야 하는 집
벨이 울리고 나 갖고 싶지 않은데 검은 날개 위에
올린 부동산
오천 장이 또 배달 온다

달뜨다

바다처럼 물결치는 검푸른 치맛자락 그 여자
세수를 끝낸 노란 얼굴이 조용히 달세를 받으러 왔네

나는 살 속의 뼈를 긁고 싶을 만큼 부끄러웠네
달님에게 다달이 달세를 지불해야 하는 방!

차디찬 자몽에이드 연붉은 컵에 꽂힌 빨대처럼
파란 핏줄 돋은 방에서 내 몸의 연붉은 현기증이 뽑혀 올라가네

아파트 광장이 깊은 숨을 참느라 얼굴이 새파래지면
밤의 광장을 두근거리는 발걸음, 그녀의 들숨이 맨살에 끼치네

아직 젖 몽우리도 생기지 않았는데
검은 브래지어를 한 쥐들이 계단으로 후루룩 들이마셔지고

쥐는 고양이에게 고양이는 고양이 사냥꾼에게
처녀는 아줌마에게 아줌마는 할머니에게 살랑살랑 먹히네

나는 노란 연기로 만든 포승줄에 묶인 사람처럼 주먹을 쥐고
날아가는 원반 위에서 다달이 주름지는 느낌!

올 테면 오너라 세상에서 제일 가벼운 신발을 신은 집주인이여!
오늘 밤 내 몸이 달뜨네! 내 입속에 노란 달 뜨네!

늙은 아기 베고 누운 것처럼 등허리 배기는 달품!
달쥬스 마신 다음 날 내 얼굴엔 꼬박꼬박 달세가 밀린 흔적!

치맛자락에 방 한 칸 올리고 파도에 해일에 태풍에

깊은 밤 나를 공중에 팽개치는 달 셋집 주인이여!

이게 벌써 몇 번째 달세인지, 사글세 비싼 방
꺼끌꺼끌한 월석 위에 방을 올리고 한 달씩 참는 방

바다가 왔다 갔다

집이 사람을 때린다

나는 쓰다듬어 모시던 집에게
머릿수건을 풀고 조심스레
죄송하지만 어디 출신이신가요?
맑은 물에 걸레를 빨아 얼굴을 닦아드리면서 물었다
집은 대답했다
나는 철근 콘크리트 출신이다

베란다에 카나리아를 키웠더니
새장 문은 닫혀 있는데 새는 사라졌다

이 지구에서 가장 중력이 센 집
히말라야 산자락으로 도망가 있어도
단번에 긴 빨대로 내 몸을 주욱 빨아들이던 집

초콜릿 케이크에 손을 푸욱 파묻던 집
마룻바닥의 미역이 찌익찌익 발바닥에 달라붙던 집

마룻장 아래 검은 이불솜처럼 내 머리카락 깔린 집

나와 사느라 그만 심층 내면이 삐져나와
얼굴이 무섭게 변해버린 집

집이 발작을 일으키면
호수가 달려와 집을 죽인다
멀리 가던 강이 되돌아와 집을 허문다
전기를 보내주던 댐이 군대처럼 몰려와 불을 지른다
바다로 가던 산맥이 되돌아온다

두꺼비 떼가 몰려와 고속도로를 건너 어디로 가더
라는 말
병아리가 제 어미를 물어뜯고 있더라는 말
죽은 어미가 산 아기를 안고 엎드려 있더라는 말
깊은 밤 집들이 서로 때리고 있더라는 말
나무들이 울며 바다에 빠져 죽으러 날아가더라는 말
흰 나비 떼가 길에 엎드려 있다가

모조리 차에 치여 죽는 걸 봤다는 말

벗어놓고 보니
모두 칼인 집, 도끼인 집, 망치인 집, 포클레인인 집

집 지을 때 쓰던 연장들이
뛰쳐나와 나를 두들겨대는 집

두 눈 뜨고 밖을 내다보던 창문에는
무너진 붉은 벽돌이 가득 비치고
찢어진 입안에서 콘크리트 덩어리가 꾸역꾸역
몰려나오고 있는 집
원한에 사무친 집

출석부

내가 그해 들어 스물여섯번째 지각을 하자
담임은 나를 교무실 자기 책상 위에 꿇어 앉혔다
나는 책상 위에 피가 묻을까 봐 다리를
최대한 오므리고 있었는데
갑자기 학생 주임이 들어오더니
출석부로 내 머리를 후려치며 가라사대
너 계속 벌설래? 아니면 낙제할래?
설교에 협박에 쏟아내더니
너는 팍삭 늙어도 졸업을 못 할 거다
저 진군해오는 칠판 방패들에 조인트 까이거나 압사할 거다
너는 여자로 태어났으니 귀도 뚫어야 하고
어깨에 뽕도 넣고, 땅에 못을 치듯 걸어야 할 거다
느닷없이 찾아온 숨을 들이쉬지 못하는 고통!
그건 첨 들어보지? 그 속에서 아기를 밖으로 밀어내야 할 거다
아니면 아기를 떼고 땅에 머리가 처박힌 참새 신세가 될 거다

그 버릇없는 표정은 제거 수술을 받아야겠다
너는 아무래도 얼굴에 칼을 대는 날이 올 거다
평생 교실을 떠날 수 없듯이 평생 부엌도 떠나지 못할 거다
우울증이 찾아올 것이고 3차 대전이 터질 것이며
공룡이 멸종할 것이고 핵 폭발이 일어날 것이며
봄이면 뿌연 황사 먼지가 찾아올 것이다
그리고 무엇보다 가슴속의 그물이 아파
더러운 공기를 내보내지 못할 것이고
세상의 두꺼비들이 다 미쳐 날뛰는 것을 볼 것이고
그놈들 중에 하나를 선택해서 시집을 가야 할 것이다
내가 널 생각해서 그러는데
이 지구상에서 이보다 더 좋은 학교는 없으니
여기서 영원히 벌을 설래? 낙제할래?
너 질문 한번 잘했다! 화성에도 이보다 좋은 학교는 없다!
정말 얘기를 해보니 너 벌 좀 호되게 받아야겠다

만약 네가 학교 밖에서 이런 죄를 지었으면 너는
염라국보다 더한 국가정보원에서 고문을 당할 거다
네 머리에 검은 비닐봉지가 씌워져서 깃발 게양대
에 매달릴 거다
이 바보야 책상 위에 냉큼 올라앉은 바보야
그러니 계속 벌을 설래? 아니면 출석부에 평생 이
름 박을래?
일곱 살에 입학해서 그 얼마나 지났는지 나는 아직
학교에 있다
따끈한 콘크리트에 짓이겨져서 아직도 교실 벽에
발라지고 있는
그런 기분이 들 때가 있다

검은 브래지어

아주아주 심심한 날
나는 입술을 가슴에 파묻은 물새처럼
검은 안대 속 뻔히 두 눈 뜨고 있는
내 가슴 맛을 보려 한 적이 있어요

내 가슴에선 아마 육지에서 멀리 떨어진 섬의
등대 맛이 날지도 몰라요
아니면 그 섬의 감옥, 독방의 맛!
아니면 지하 카타콤 맛이거나

(꽁꽁 묶어뒀던 폭포가 터지듯)

(포장지를 벗겨낸 바다가 출렁하듯)

(내 몸이 내 눈동자를 방생하는 기분이 들게 그렇게)

(바닷가 언덕에서 모이 찾고 있는 물새 병아리 두 마리처럼)

언젠가 수백 명의 어머니들이 광장에서
아들의 유해를 기다리는 사진을 본 적이 있어요
나는 그때 그 어머니들의 등에 달린
후크를 다 빼드리고 싶었다니까요
가슴에 달린 눈들이 흑흑
울음소리 광장을 메아리쳤거든요
제발 나를 혼자 두고 가지 마
나는 엄마야

안대 속에서 퉁퉁 부은 눈동자들이
감옥의 벽을 쿵쿵 두드리는 소리!

안대는 마치 누군가의 두 손처럼 생겼어요
병아리 두 마리를 꽉 틀어쥔 검은 장갑 낀 손!

그물에 걸린 물고기더러 회개하라는 말 들어보셨나요?

길 잃은 병아리더러 회개하라는 말 들어보셨나요?

내 검은 브래지어 끈이
두 줄기 눈물처럼
축 늘어져 있네요

(바다 한가운데서 검은 안대를 하고 노 젓는 사람처럼
나는 지금 깊은 곳 아무 데나 노 저어 가고 싶네요)

아침

밥하다가 말고 부르는 찬송가
— 그 어리신 몸이 눌 자리 없어
— 그 거룩하신 몸~
하고 내 노래가 가장 높은 음을 넘어 가려고 할 때
그 'ㅁ' 자 밖으로 잠깐 얼굴을 내비치는 파리한
얼굴

그녀가 빈혈나라 샛노란 기류를 타고 혼자 가네

나는 친척 할머니들에게 퀴즈를 내었네
하루 24시간, 자신들이 소녀 같을 때가 많아?
할머니 같을 때가 많아? 어느 시간이 더 많아?

그 소녀가 소독한 침상 일등석 캡슐에서 받은 숨을
내쉬네

저 어지러운 곳, 하늘엔 영광, 땅에는 평화
내 인생에서 제일 희박한 무결(無缺)이 애용하는

흰 종이비행기 맨 앞좌석에 탄 그녀
늘 여명만 타고 가는 그녀
잠자는 사람의 얼굴 위를 날아가듯 무심하게
밥하는 내 얼굴 위를 날아가는 그 얼굴

그 소녀에게서 떠난 시간들이 줄지어 그녀에게 서빙하는 아침
차가운 수의, 투명한 얼굴, 면도날처럼 시린 몸

할머니들 대표로 우리 엄마가
여든 살 되어가지만 자꾸만 그녀가 나온다고
나이 들수록 그녀가 더 자주 나온다고
입 가리고 호호호 내 퀴즈에 답하실 때

막 목욕탕에서 나온 것 같은
동글동글하고 옴팍하고 파리한 소녀가
우리 엄마의 은퇴한 여객기
문을 열고 내릴까 말까 망설이는 모습

뭉크의 소녀가 왜 발가벗고
침대에 오도카니 앉아 있는 줄 아니?
자다가 일어나 보니 글쎄 소녀가 된 거야
그 세월 그 주름 그 옷들 다 어디 가버린 거야

찬양하라 희디흰 구유에 계신 몸!
나는 오늘 아침 그녀의 재단에 무릎을 꿇었네
붉은 포도송이 같은 심장에서 가득 올라오는
간지러운 설렘, 달콤한 무릎, 나의 알을 터뜨린 서빙!
스크램블로 하실래요? 오믈렛으로 하실래요?

아줌마! 어디서 살다가 이제 와요? 묻는
이름 없는 소녀에게
나도 낯설어 내 얼굴을 몰라보는 나에게
해 뜨기 전 박명의 시간, 해보다 먼저 슬픔이 솟아오를 때

나는 나의 종이비행기 맨 앞좌석에 앉은 매정한 그녀에게
신선한 아침을 서빙하네

냉수 한 컵

      냉수 한 컵의 간절한 눈빛으로

몸을 칼날처럼 얇게 벼리기
밀어넣기
냄새나는 입에서 후하고 뱉어지기
낙타의 혹에 갇혀 흔들흔들 눈 감고 가기
썩어가는 몸에서 떨어져 고물거리는
영혼 같은 것이 되기
가려고 떠나가려고만 하기
안 떠나지는 거 못 견뎌하기

      몸을 더듬는 물빛으로

미지근한 얼굴에서 미끄러져 내렸어요
손가락을 적시고 흘러내렸어요
담겨진 냉수 한 컵의 전생이 그렇게 쏟아졌어요

      사람들은 왜 저마다 몸에서 나가고 싶은 눈

빛들을 가졌을까요

눈을 감고 컵을 들어 삼키기
캄캄한 목구멍 속으로 들어가기
다시 태어나길 기다리는 건 아냐
하면서 헤엄쳐 들어가기
끄윽 트림으로 쫓겨나기
영혼인지 열반인지에 섞여 떠오르기
이윽고 구름의 발가락에 매달리기

테두리를 아직 구하지 못한 물이
눈동자처럼 한 컵

우리는 모르는 우리 몸속을 다 알고 있는 물이 한 컵

|발문|

숨 쉬는 미로들

김경주

>너 가라 하고 싶지만
>내가 꼭 가게 되고야 마는
>저 별이
>—김혜순, 「별이」 부분

>"사부님, 참으로 알다가도 모를 일입니다.
>밖에서 장서관을 보시고 이렇듯이 수수께끼를 풀어내시는
>사부님께서 안에서는 풀어내시지 못했으니까요."
>—움베르코 에코, 『장미의 이름』

난센스 nonsense

시인은 우리에게 복도를 남긴다. 우리는 그 복도를 서성거린다. 복도는 마주 보는 문들로 가득하다. 중정(中庭)

과 밀실을 가득 품고 있는 세밀한 건축이라 할지라도 내부에 아직까지 지어지지 않은 복도들이 존재한다고 믿듯이, 우리들의 허약한 시선으로는 알아볼 수 없는 천장을 타고 오는 빛의 결들이 복도에 어렴풋하게 족적(足跡)을 남기듯이, 시인은 자신이 설계한 적은 없지만 자신이 남긴 복도에 남아 서성거리는 특정한 단위가 된다.

창문을 통해 바람에 흘러들어 온 '원피스' 한 벌처럼, 도무지 우리의 언어로는 그 미소를 알아보기 힘든 '유령'처럼, 예컨대 시인이 "하루 수백 번 표정이 바뀔 때마다 얼굴에서 물이 떨어지는 저 구름"(「구름의 노스탤지어」)이라고 발설할 때, 이 문장의 공간에서 시인은 무엇을 경험하는가. 입구조차 존재하지 않고 결코 판단이 내린 결정에 복무해본 적 없는 시적 경험("이 구멍의 건축엔 바닥이 없다."―「맨홀 인류」)에 대해 한 시인은 이렇게 말한 적이 있다. "시인은 너무 가까워 그의 말이 눈멀어지는 근접성에 대해 말한다"(뤼스 이리가레이)고. 그리하여 시인은 자신이 한번 문장 속에 남긴 복도를 다시는 찾아가지 못한다고("당신은 왜 나를 열어놓고 혼자 가는가"―「열쇠」). 마치 저승사자(죽음)가 망자 앞에 와서 '당신을 찾아 이승인 이곳까지 오는 동안 나는 길을 잃었으니 이제부터 당신(죽은 자)이 나(죽음)를 안내해 함께 돌아가는 길을 가주어야겠다고' 선언하듯이("먼 나라에 왔으니 기억을 씻어야지 생각했다"―「창문 열린 그 시집」) 자신의 육체에 머무는 애살

스러운 기미들은 언어의 이물감(異物感)들을 한 세계 속으로 방설한다. 최초로 다른 곳에서 온 기분 전환처럼, 공손한 망각처럼. 이때 시인의 문장 속에는 ─자신도 의식하지 못하는 사이에─ 무표정한 유령들이 등장한다. 유령들의 얼굴은 저 너머로 뚫려 있는 세계다. 여기 이 유령들의 세계가 명명하기 곤란한 피륙처럼 문장마다 돋아나 있다. 정전기처럼. 좀더 가까이 가기 위해 좀더 멀리 달아나고 있는 자의 미소처럼, 시인은 탐지되지 않은 세계의 체중을 큼큼거린다. 세계의 끝으로 갈수록 눈먼 자들이 가득했으니, 자신의 눈먼 몸으로 유혹하고 싶은 세계를 마중 나간다. 시인은 자신의 손가락들을 하나하나 유령이라 발음하면서 그들의 미소에 집중한다("아이를 이 역에서 몇 주째 마주치고 있다"─「맨홀 인류」).

  하지만, 역설적이게도 눈먼 자들만이 이 문장 속에 거주하고 있다. 눈멂은 맹목이 아니므로, 눈멂은 언제나 가쁜 숨을 몰아쉬고 있으므로. 눈멂은 실 속으로 가물게 물이 흘러가는 소리를 들을 수 있고, 눈멂은 "나한테 오는 사람은 왼쪽 하늘과 오른쪽 바다/두 개로 나뉘어서 온다"(「안경은 말한다」). 유령들은 매일 밤 시인의 입속에서 벙긋, 열린다. 전례에 없는 '면사포'를 쓰고, 우리의 입안에서 혼효한 중얼거림이 되어버릴지 모르지만,

  시인은 ─또 한 권의 시집이라는─ 복도를 남기고 어

디론가 가고 있다. 한 권의 시집을 읽으며 경험하는 가장 매혹적인 세계는 아마도 '당신은 지금 어딘가로 가고 있다'는 느낌 속에서 시집의 무결한 감정에 머무는 것일지도 모른다. 당신은 누구인가? 당신도 나처럼 이 지상의 흔하디흔한 세계 때문에 공포를 느끼고 있는가? 이 독특한 난센스를 어떤 동행이라 불러야 할까?

내가 밖으로 나가면 사람들은 내가 누군지 모른다
—「그림자 청소부」부분

동행

시인의 육체는 복도를 통과하듯 지나친다. 멍하니, 혹은 가까스로, "하루 8시간 심해 속을 걸어 다닌다"(「안경은 말한다」). 자신의 육체를 완성한 적도 없지만 의식의 오라기들 속에서 그 육체를 함부로 흉내 낸 적도 없으니 당연하다. 시인의 육체는 '복도' 속에서 처음에는 말하지 않았던 것, 그러나 가장 멀리서 들려오는 침묵을 되찾고 있다. 육체는 하루에도 수천 번씩 숨으로 흩어진다고, 기별 없이, 여기 내 육체가 머무는 복도들의 이야기가 이 시집 안에 존재한다고. 시인은 자신의 몸을 계속해서 만지고 있어도, 만져지지 않아, 어디서나 동요(動搖)한다. '숨은

몸'처럼,

> 모두 작별해버리고 싶은 아침
>
> 나는 작별의 전사
> 〔……〕
> 내 음악에 실려 내가 초음속으로 사라져간다
> ─「아침 인사」부분

  동화가 ─이야기를 입고 있지만─ 이야기 속에 감추어진 하나의 비밀이듯이, 동요가 ─노래 속에 감추어진 ─ 하나의 비밀스런 이야기이듯이, 시인은 자신의 근원적 열정에 친숙하면서도 늘 심술 맞다. 시인은 우리가 아직 도달하지 못한 언어의 세계에 거주지를 마련하고 있다. 그에게 시란 하나의 심술스럽고 명랑한 이미지 속에 자신의 목소리를 기어코 동행시키려 하는 비밀의 내관들에 가깝다. 소녀의 미성(微聲)처럼. 시인은 밤마다 한 번도 "눈을 다 떠보지도"(「토성의 수면제」) 못하며 이 파이프들을 들고 대도시를 돌아다닌다. 그것은 피에르 세게르가 말한 시의 '공공 영역'에 해당한다. 피에르 세게르는 시인들이 남기는 복도와 미궁에 남은 이미지를 두고 "태어난 집은 목소리 속에서만 남는다"고 말한다. 이제는 침묵한 다른 목소리들과 더불어, 시인은 검은 비닐봉지를 얼굴에 뒤집어

쓴 채 복도에 남아 있다. 그곳에 세계가 남아 있다! 그것은 어떤 동행인가? 시인은 질문 한 마리가 몸속에서 익사하지 않도록 구출 중이다("나를 만나면 도망가는 것들밖에 없다는 거"—「어미곰이 불개미 떼 드시는 방법」). 어떤 표정을 우리의 은신처라고 부를 수 있을 것인가?라고 한없이 다정하게 물으며, 시인은 "영원히 계속되는 동화에서 흘러나온/고양이"(「창문 열린 그 시집」)의 얼굴 속으로 들어가 대화하면서, 자신조차 모르는 동안, 자신의 침대를 어딘가로 옮겨놓았다. (그곳에 그녀는 정말 누운 적이 있었을까?)

> 노래를 부를 때 전신의 땀샘들이 일제히 침을 흘려
> 검은 털들을 적셔주었다 —「구름의 노스탤지어」 부분

한 권의 시집을 몽상하는 가장 매혹적인 방법 중 하나는 시인의 목소리를 상상해보는 것이다. 시인에게 목소리는 하나의 자연이다. 시인은 그 자연에서 태어난다. 이미지가 시인이 가리키는 방향에게 동혈성을 제공해주는 질료라면, 시인의 목소리는 이미지 그 자체다. 그 목소리의 이미지에 독자는 들어가는 통로를 만들고 시집을 읽어내려 갈 수 있다. 낄낄거리는 미로 속에 갇혀 벽을 더듬어 가듯이("사람들은 왜 저마다 몸에서 나가고 싶은 눈빛들을 가졌을까요"—「냉수 한 컵」) 가벼운 상의만을 걸친 채, "흰 종이비행기

맨 앞좌석에 탄 그녀"(「아침」)의 '옆'으로 가서 다양한 '구멍'들과 혼교(魂轎)를 꿈꿀 수 있다("깊은 파도 속을 떠도는 구멍 한 펄"—「맨홀 인류」). 어느 날 지붕 위에 올려져 있는 이상한 침실을 지나, 다시 문을 열고 들어가 보면 나선형으로 올라가는 행간과 오를수록 좁아지는 문장 뒤의 계단들, 그 곬들을 지나서…… "오늘 나는 그분을 굶기고 싶습니다"(「맨홀 인류」) 같은 목소리를 지나서……

> 수녀님들이 일어나 흰 속옷 위에
> 검은 옷 입는 시간
> 오늘은 지하철역 앞에 묶어둔
> 자전거가 한꺼번에 넘어가는 소리를 들었다
>
> 아침에 서로 인사를 해야 하는 건 이 세상의 불문율
> 나를 밤새 핥아준 그림자님 안녕
> 나를 따라 일어난 살 속의 아빠님 안녕
>
> 〔……〕
>
> 내가 내 이름을 지을 수 없는 곳, 안녕
> 내가 내 병명을 지을 수 없는 곳, 안녕
> 〔……〕

지금은 거리에서 밤을 세운 귀신들이

내 불쌍한 그림자에 검은 망토 입히는 시간

나는 아직 첫차가 도착하지 않은 지하철역이 슬피 우는 소리를 들었다 —「아침 인사」 부분

움직이는 미로

 김혜순 시집은 전체가 하나의 '움직이는 미로'다. 유령의 몸을 가득 채우고 있는 전쟁처럼, "외국어로 가득 찬 몸"(「타조」)처럼. 이 움직이고 있는 미로들은 아무도 알아채지 못하게 숨을 쉬고 있다("내 얽힌 두 손은 마치 새 둥우리 같았어"—「타이핑과 뜨개질」). 이 미로의 복도로 들어가면 묘연한 적막과 선연한 긴장의 정전기들이 가득한 주조음(主調音)이 숨 쉰다. 숨 쉬는 미로 속에서 시인은 자기간(自己間)을 끊임없이 낳는다("불쌍한 아가들아 새 아가 다음에 또 새 아가 짜줄게 금세 짜줄게"—「타이핑과 뜨개질」). 전체적인 의식을 회복하기 이전의 '소요(逍遙)'처럼, 시 속에 등장하는 인물들의 허리는 호물호물하고 시인이 유령이라 부른 하나의 희미한 '사태(事態)'는 우리에게 색다른 통사론이 되어버린다("잠은 깊어서 노랑나비 한 마리는 멀다"—「눈썹」). 환원이 불가능한 말들은 '그곳'*을 지나간다("저 먼 곳에/너무 멀어 환한 그곳에"—「생일」)……

숨 쉬는 미로는 블랑쇼가 지적한 '돌연한 활기와 여유' 속에서 세계(그곳)를 지움으로써만 드러나는 '바깥의 끝없는 넘쳐흐름' 같은 것이다. 미로는 그곳에 도착할 때 비로소 우리가 이미 다른 세계로 건너가게 된 사실을 늘 이면에 감추고 있다. 미로의 형식은 아직 아무도 닿지 못한 세상에 대한 갈망(출구 찾기)이라기보다는 지우면서 세계에 참여하고 싶은("그곳의 그림자들과 다 이별하면/이곳의 내 몸무게와도 다 이별하겠네"―「토성의 수면제」), 시가 가지는 본령(本令)의 형식에 기인한다. 우리를 '오류로 돌아가게 하기 위한 소명(召命)'(레비나스)처럼, 미로는 열쇠들을 물속으로 가라앉히고 '이곳'에서 분명 움직이고 있는, 부재(不在)에 해당하는 상황을 제시하기 위해 끊임없이 형식을 현현(顯顯)한다("내 '깊'의 것들은 서로 무슨 색깔로 인사할까"―「높과 깊」).

하지만 시집 전체를 감싸고 있는 이 불구에 가까운 정서

---

* '그곳'이 어디인지 모른 채 헤매고 있는 '그것'을, 숨 쉬고 있는 미로라고밖에 부를 수 없다면, "나는 두근거리는 노랑을 뱉고 싶다"(「눈썹」) 같은 구절 앞에서 우리는 입속을 순식간에 차지하는 곡류(曲流)가 무용지물이 되어버린 우리의 세계에 환멸을 불어넣고 있는 것이라고밖에 할 말이 없다. 문학의 공간 안에서 새로운 숨 쉬기 경험에 해당하는 '미로(迷路)'는 지금껏 말해지지 않은 이미지들을 부르기 위한 통로이며, 건축의 공간 안에서 미로(迷路)란 지금까지 설계된 적이 없는 시야를 배치한 것이다. 시집을 펼치면 전개되는 대립적인 이항이나 불확실한 이미지들의 표류는 자기모순이나 혐인증(嫌人症, misanthropia)에서 기인한 것이 아니다. 시인은 미로의 이미지를 통해 자신의 언어로 소화되고 있는 풍경들에게 물끄러미 어떤 '인상'을 준다.

적 동반을 단순히 '부조리'라 부르고 그것을 누구도 이해할 생각이 없는 저녁의 비유에 동참시킬 수는 없다. 세계의 역사를 시인은 고요한 확신 속에서 이완(弛緩, relaxation)시키고, 시인은 그 미로 속에서 지금까지의 역사의 흔적을 지우고 살아남기를 바란다. 시인은 미로를 움직이게 하면서 ─미로를 감추는 것이 아니라─ 미로를 자신의 언어 속에서 선명하게 드러낸다("쥐 떼들이 내 구멍 속에서 나를 물물교환하고 있다."─「맨홀 인류」). 마치 '먼저 이별하고 나서야 만나게 되는 이야기' 하나를 우리에게 불쑥, 제시하듯이,

'나', 내가 내 몸속에 유폐되어 있는 곳을 부르는 이름!
'나', 몸속의 구멍 밖으로 모습을 드러내지 않는 자들을 통칭하여 부르는 이름!
'나', 혹은 몸속에 사시는 분을 알아보지 못하는 이분을 모셔 부르는 이름!
그런데 나는 지금 구멍이 아픈 걸까?
─「맨홀 인류」부분

나는 씨 같은 거 없어요
씨앗은 틔워서 내가 다 먹어버렸어요
─「배꼽을 잡고 반가사유」부분

호흡하는 미로들의 질서로 들어가는 일은 미로의 다양한 배열과 이동을 경험하는 것이 아니라 미로의 숨에 닿는 경험이다. 어쩌면 지금 내 육체는 그 미로로 숨을 쉬고 있는지도 모른다. 고백하자면 나는 이 미로의 도면(圖面)에 별다른 관심이 없다. '그곳에 늘 우리가 모르는 누군가가 잘 숨어 살고 있어 다행이야' 하는 안도감 같은 것이 나를 자꾸만 시 속의 지평선을 따라가게 만든다. 이 미로로 들어서는 기음과 기박이 독법을 불쾌하게 만들거나 비릿하게 만들지 않아 나는 며칠 동안 고삐 풀린 망아지처럼 그녀의 시를 헤집고 드나들었다. 그녀의 시에 호위를 받으면서 나는 근간의 내 적막을 물리치곤 했다. 예상을 보기 좋게 비틀어놓고 억측이 보기 좋게 들어맞을 때 생기는 비선형의 질감이 주는 쾌감은, "입 가리고 호호호 내 퀴즈에 답하실 때"(「아침」) 우리에게 미로는 "테두리를 아직 구하지 못한 물"(「냉수 한 컵」)처럼 앞에 놓인다.

　오늘 밤 저 외로운 달은 뭘 하죠?
　그는 대답했다 지워진 얼굴에 크림 발라주죠
　　　　　　　　　　　　　　―「창문 열린 그 시집」 부분

　물속에서 찬물 한 덩이를 웅크려 만든 몸
　―「책 속에서 나왔다가 다시 돌아가지 못하는 여자처럼」
부분

김혜순 시집을 일독 후 여태껏 만나보지 못한 요밀한 동화적 세계를 느낀다면 아마도 그것은 시인에게서 풀려나 스스로 멀미를 하고 있는 '단어들의 표정'을 감당해내야만 하는 우리의 칙칙한 감수성 때문일지도 모른다. 아마도 우리는 헛구역질 같은 구름들이 머리 위로 꿈틀거리는 경험에서 이 요요(遙遙)한 이야기 속 주인공들이 뿜는 수증기들 속으로 다시 걸어 들어가봐야 할지 모른다.

  모든 미로는 미증유(未曾有)를 꿈꾼다. 미로는 출구를 찾기 위해서 뿐만 아니라 애초부터 길을 잃게 만들기 위해서도 모종의 배후가 필요하다. 미로에 초대받은 자들은 그러한 미궁을 받아들여야만 한다. 미로에 초대받아본 적이 없는 자들의 세계에 가서 공명심에 불타는 시의 새삼스러운 복무규정("해파리처럼 입만 살아서"—「책 속에서 나왔다가 다시 돌아가지 못하는 여자처럼」)이나 몸에 좋은 시의 유기농 재배법에 대해 떠들고 싶은 생각은 없다("유령학교 졸업하고 제도권 유령밖에 될 게 없다니"—「유령학교」). 움직이는 미로는 해결이 아닌 불가해한 층위를 포함한다. 움직이는 미로는 출구가 아닌 다양한 통로를 품고 있다. 움직이는 미로는 우리의 기갈이 아닌 망망대해로 떠나가는 선실 내부를 품고 있다. 움직이는 미로는 내무성의 성명보다는 "아기집의 초인종"(「배꼽을 잡고 반가사유」) 소리를 닮아간다. 움직이는 미로를 품은 시는 이동하지 않을 수 없다. 스스로의 유동성으로 시 속의 이미지는 복병(伏兵)처럼 그 유동(流動)을 돕는다. 김혜순 시의 수일(秀逸)한 상상력에 대해 그동안 언급되어온 회문(回文)들은 그녀의 시를 살아 움직이게 하는 복병부대가 충실히 치르고 있는 이미지의 복무 기간에 해당하는 언표들이었다고 해도 과언이 아니다. 움직이는 미로의 유동성, 미로를 품은 채 움직이고 있는 이러한 시적 질감을 감안할 때 김혜순의 이번 시집은 새로운 미로의 유동을 품고 있다. 그녀의 이미지들은 서로 드잡이질을 하고 서로를 순례하고, 병명을 모른 채 왕진을 오고 간다. 치유도 모른 채! 단어들이 품고 있는 이야기를 지우며 단어들에게서 문장이 밀려오려는 밀착을 전보다 더 힘껏 밀어낸다. 미로 속 그녀의 시어들은 한 문장 안에서 수천 년을 흘러갔다가 몇 초 만에 흘러온다(「책 속에서 나왔다가 다시 돌아가지 못하는 여자처럼」). 어떤 육체를 분방하게 움직이게 하는 숨처럼, 숨 속에 숨은 몸을 더듬듯이, 이 미로의 유격전을 준비하기 위해서 우리에게 필요한 문명은 무엇일까?

성급한 독자의 시선에 사로잡히지 않기 위해서가 아니라 스스로가 가지고 있는 표정을 자신이 한 번도 가져본 적이 없는 단어의 표정에서 시작하고 있는 이 '유리알 유희'처럼 작동하는 세계를, 노를 놓고 뱃멀미를 하듯("내 몸

깊은 곳에서 발원한 강이 어디로 흘러가는지"—「에베레스트 부인의 아침 식사」), 가라앉은 종이배가 수면으로 천천히 다시 떠오르듯. 문장 속에서 숨 쉬며, 자신이 어디서 태어난지 모른 채 숨을 쉬며 움직이는 미로가 있다. 새로운 단어들의 표정사(表情事)가.

    자연의 집에는 무서워 무서워 형용사님들만 살고 (「정작 정작에」)

    집에 가고 싶어! 하던 눈동자들 (「정작 정작에」)

    억울의 새가 억울 억울 운다 (「그림자 청소부」)

타조의 트림처럼,

    나는 내가 타조인 줄 모르는 타조일까?
—「타조」 부분

    그 누구의 것도 아닌 나의 잠은 어디에 있다가 이제야 오는가.
    그 누구의 것도 아닌 나의 사랑은 어디에 있다가 이제야 오는가.

그 누구의 것도 아닌 나의 고통은 어디에 있다가 이제야
오는가.

아픔아 너는 어디서 왔니?
무엇 무엇을 태워버리고 이렇게 뛰어서 왔니?
네가 나니? 이게 누구니?
왜 구멍 속에 기차가 살고 있니?

——「맨홀 인류」 부분

시는 상하좌우로 출구를 가진다. 시는 "다른 곳으로부터 온 어떤 목소리"*다. 시는 사방을 감추고 사방을 드러낸다. 시는 옆의 역(정거장)이며, 옆의 비행장이며 옆에 없는 옆이다. 시는 공항이다. 시는 다행이다. 시는 공간 전체의 구조를 파악하기 힘들다. 시는 활주로다. 시는 활주로가 없다. 시는 가장 효율적인 거리(최단거리)를 폐쇄한다. 시는 몇 개의 표시를 하고 되돌아오면서 두 개 정도 표시를 지우고, 시는 **"내가 들어본 적도 없는 땡볕같이 시끄러운 언어"**(「타조」)다. 시는 동일 경험을 증식하지 않는다. 시는 우리의 발바닥 아래로 날아가는 미표기(未票旗)다. 시는 결절점(結節點)에 도달하지 못하는 야간비행이다. 시는 아침에 뜨는 야간비행이다. 시는 '미로 공간의

---

* Une voix venue d'ailleurs. 에마뉘엘 레비나스의 『모리스 블랑쇼에 대하여』에서 인용.

발문 | 숨 쉬는 미로들

위상적 환원' 같은 것들 앞에서 까분다. 시는 '가버린 사람의 아침잠'(「구름의 노스탤지어」)이며, 시는 구축 방식을 추론해보고 싶은 넓은 경간(徑間, clear span)이며, 빙 한 번 둘러보고 계약은 안 하고 싶은 집이다. 시는 동선을 짜지 않고 동선의 잠재성을 가지며, 시는 요코하마 항의 국제 여객선 터미널에서 떠올렸다가, 시는 '크레타'나 '바빌론' '베를린 보이드' 앞에 도착해서 다 까먹는다. 시는 정보의 흔적이라기보다는 의지의 박약에서 오는 태동이다. 시는 **'영어도 중국어도 쥐어도 고래어도 코끼리어도 아니다'**(「타조」). 시는 불변보다 폐허를 구별한다. 시는 오르골 속의 태풍이며 태풍 속에서 오르골 돌리기다. 시는 입장권의 크기보다 거부권에 비례한다. 시는 위치를 추적당하지 않는 위성이며, 시는 위성을 우주의 똥들이라 부른다. 시는 이곳을 기점으로 출발하라! 같은 똥개훈련을 시키지 않는다. 시는 벽면이나 바닥면으로 다 가로막혀 있어도 스밀 수 있는 중력이다. 시는 **아주 조그만 잠 속에,** 태어났다가 금방 사라지는 괴물이다. 시는 구애받지 않은 채 사랑한다. 시는 반복적으로 입력하지 않아도 한정성을 알아챈다. 시는 펜타곤 군함이 출항하면 그 옆에 졸졸 따라 흘러가는 하나의 형광 탈mask이다. 밤에 수천 개의 조명으로 펜타곤이 눈뜰 때 탈은 눈 감는다. 시는 '표류'를 움직일 수 있는 기회를 상실해서 '자리매김'하는 것으로 보지 않는다. 시는 낯선 모험은 환대하지만 유목민의 습속은 싫어한다. 시는 공간구문론의 어휘를 빌려 수로 산출되지 않으며, 시는 막 도착한 길 앞에서 국적을 잃는다. 시는 갈림길의 심전도(心電圖)다(빈집에 몇 년째 혼자 서 있는 크리스마스트리처럼). 시는 집사람이며 시는 눈사람이다. 시는 집에서 눈사람을 만드는 것이고 눈사람 속에 눈사람의 집이 있다고 믿는다. 시는 우리에게 남겨져 있는 유산의 범주(Kategorie)가 아니라 우리가 은유로 견디고 있는 폐허의 목록들(index)이다. 시는 그 사람의 몸으로 하는 옹알이다. 시는 모든 폐허를 의심하는 미로를 품고 있으며 미로 속에서 의심 없이 폐허를 지나치기도 한다. **타조의 트림처럼.** 시는 사타구니를 전환시키기도 하고 똥구멍에 상당한 기대감을 표현하기도 한다. 시는 '부엌'과 '안방' 사이의 사랑방이다…… 시는 사랑방손님을 믿지 않는다. 시는 오래도록 긴 검은 터널을 지나왔다는 명예로 새로운 택배회사와 배달원을 더는 믿지 않는다. 시는 개념이나 조합으로 나침반을 만들지 않으며 몸에서 생기는 마늘 냄새나 냉기의 잔향 때문에 **'내 몸이 지상에서 잠깐씩 빌려 쓰는 부동산'**(「그림자 청소부」)을 매물(賣物)로 내놓지도 않는다. 시는 '깊'과 '높'의 배회(徘徊)이고 '우'와 '울' 사이에 걸려 있는 홍등(紅燈)이다. 시는 당신들의 수치심이고 서사의 허영이고 당신들의 '쇄골에 올라앉아 저주를 내린다'(「그림자 청소부」). **'아직 젖 몽우리도 생기지 않았는데'**(「달뜨다」). 시는 복받침이 아니라 무질서하게 갈라진 죽은 당나귀의 배이다. 평생 자신의 얼굴을 찾아다 닌 사람들이 죽는 순간에야 그 얼굴을 만날 수 있다는 사실이, 감동적이고 좀 어이없는 일이기도 하다는 듯이, 자신의 눈이 무슨 색인지 알아맞힐 수 있다는 표정으로, 그것이 마치 지금 나누는 우정의 본질인 양. **'이 가면에 무늬를 새기다 사라져가는 문명의 성쇠여'**(「맨홀 인류」). 다행이다. 여기가 아직 이름이 없는 복도라서. 안고 있던 상자를 한번 물끄러미 바라본다.

> 우리는 모르는 우리 몸속을 다 알고 있는 물이 한 컵
> ──「냉수 한 컵」 부분

김혜순의 시는 오랄oral의 친정(親庭)이다.